Anne Bogel

Her Şeyi Düşünme

SERENAD

SERENAD

SERENAD YAYINEVİ / KİŞİSEL GELİŞİM

HER ŞEYİ DÜŞÜNME
ANNE BOGEL
Orijinal İsmi: Don't Overthink It

Bu kitabın ilk İngilizce baskısı *Don't Overthink It* adıyla Baker Publishing Group'un bir alt markası olan Baker Books tarafından yayınlanmıştır.

Yayıma Hazırlayan: Merve Gökçek
İngilizceden Çeviren: Meriç Mekik
Editör: Devrim Yalkut
Kapak Tasarımı: İlknur Muştu
Mizanpaj: Cansu Poroy

1. Baskı: Nisan 2022 (2.000 Adet)
3.-7. Baskı: Ağustos 2022
8.-10.-15. Baskı: Eylül 2022
ISBN: 978-605-73889-5-7
Yayınevi Sertifika No. 52143

Gümüşsuyu Mah. Osmanlı Sok. Osmanlı İş Merkezi 18/11
Beyoğlu/İstanbul
Tel. (0) 212 222 10 66
www.serenadyayinevi.com
facebook.com/serenadyayinevi
instagram.com/serenadyayinevi

Baskı ve Cilt
MY Matbaacılık San. ve Tic. Ltd. Şti
Maltepe Mah. Yılanlı Ayazma Sk. No: 8/F Zeytinburnu / İstanbul
Tel: 0212 674 85 28
Sertifika No:47939

WALL STREET JOURNAL ÇOKSATAN

Her Şeyi Düşünme

Daha Kolay Karar Verin, Kararlarınızdan Şüphe Duymayı Bırakın ve Hayatınıza Daha Fazla Neşe Katın

Anne Bogel

İngilizceden Çeviren: Meriç Mekik

SERENAD

"Kararlar ve problemler üzerine kafa yormak her türlü zamanı boşa harcayabilir. Bu iyimser ve cesaret verici kitapta Anne, okuyuculara bu zihinsel tuzaktan nasıl kurtulacaklarını ve hayatın maceralarına nasıl yer açabileceklerini gösteriyor."

Laura Vanderkam, *Off the Clock* ve
Juliet'in Olasılıklar Okulu'nun yazarı

"Anne ya da onun çalışmalarıyla herhangi bir etkileşim, hayat hakkında daha serinkanlı hissetmemi sağlıyor. O, bizim her zaman güvenilir tavsiyeleri olan akıllı internet kız kardeşimiz ve bu kitap da bir istisna değil."

Kendra Adachi, *Tembel Dâhinin Yolu*'nun yazarı

"En iyi arkadaş sıcaklığı ve uzman içgörünün imza niteliğindeki birleşimiyle Anne Bogel, *Her Şeyi Düşünme*'de bir hediye veriyor. Akıllıca yaşamayı ve katkıda bulunmayı önemseyen bizler için Anne, 'eğer'e takılıp kalmadan nasıl kararlar alabileceğimize dair pratik ve zengin bir bakış açısı sunuyor. Dönüştürücü kararlar alırken ve kendilerini günlük ikilemler karşısında şaşkına dönmüş bulduklarında *Her Şeyi Düşünme* okurlar için bir yol arkadaşı olacak."

Beth Silvers, *I Think You're Wrong (But I'm Listening)* kitabının
ortak yazarı ve *Pantsuit Politics* podcast'inin ortak sunucusu

"On yılı aşkın süredir Anne Bogel okuyorum. Geriye dönüp baktığımda, sözlerinin beni hayatımın en önemli içgörülerinden bazılarına götürdüğünü görüyorum. Onun yeteneği, özellikle nasıl düşündüğümüze dair küçük değişimlerin yeni bir bakış açısı ve yeni bir yol açabileceğini göstermesidir. Birçoğumuz hem büyük hem de küçük seçeneklerle dolu bir dünyada mücadele ederken, *Her Şeyi Düşünme* Anne'nin her zaman yaptığı şeyi yapıyor – bize başka bir yol olduğunu gösteriyor."

Sarah Stewart Holland, *I Think You're Wrong (But I'm Listening)* kitabının ortak yazarı ve *Pantsuit Politics* podcast'inin ortak sunucusu

"İsimsiz Her Şeyi Düşünenler'in kart sahibi bir üyesi olarak, Anne Bogel'in bu kitabı yazmasını sadece istemedim, onun bu kitabı yazmasına ihtiyacım vardı. Yazdığı için çok minnettarım. Bu sadece Her Şeyi Düşünmek'le ilgili bir kitap değil; bunu yapmayı bırakmak ve Anne'nin oldukça nazikçe sunduğu adımları atmanın getirdiği bütünlüğü ve özgürlüğü bulmak için pratik, başarılabilir bir rehber."

Marybeth Mayhew Whalen, dokuz romanın yazarı, kronik aşırı düşünür ve *She Reads*'in kurucu ortağı

"Anne Bogel zihnimizi okuyabiliyor ve zihnimiz fazla düşünüyor. O bizi anlıyor ve özlü yavan sözler yerine gerçek cevapları var. Böyle – uzun uzadıya düşünen ve olumsuz düşünce kalıplarına yakalanmış şekilde yaşamak istemiyoruz ve Bogel bize çıkış yolunu öğretiyor. Bilgelik, mizah ve gerçekle ilgili kişisel hikâyelerle, *Her Şeyi Düşünme*, özgür kalmamıza yardımcı oluyor. Bu kitap komodinimin üstünde kalıcı bir demirbaş olacak."

Patti Callahan Henry, *New York Times* çoksatar *Becoming Mrs. Lewis* kitabının yazarı

Jackson, Sarah,
Lucy ve Silas için...

Hayattaki misyonum sadece hayatta kalmak değil, gelişmek; ve bunu biraz tutkuyla, biraz şefkatle, biraz mizahla ve biraz üslupla yapmak.

Maya Angelou

Yeni günle birlikte yeni bir güç ve yeni düşünceler gelir.

Eleanor Roosevelt

Ne düşündüğünüze dikkat edin, çünkü düşünceleriniz hayatınızı yönetir.

Atasözü

Her şeyden önce de yüreğini koru, çünkü yaşam ondan kaynaklanır.

Süleyman'ın Özdeyişleri 4:23

İÇİNDEKİLER

1

Hayatımızı Nasıl Geçiriyoruz?

Deneyiminiz, dünyanız ve hatta benliğiniz, fark ettiğinizden çok daha fazla şekilde odaklandığınız şeyin yaratımlarıdır.

Winifred Gallagher

Yirmi yedi saat sonra Nashville'e doğru yola çıkacağım ve hava tahminini yenileme tuşuna basmadan duramıyorum. Gitmeden önce hâlâ yapacak milyon tane işim var – başarabileceğimden çok daha fazlası.

Yenileme tuşuna basmakta ısrar ediyorum. Bunun faydası olmadığını görebiliyorum; aslında bunu yapmak işleri daha da kötüleştiriyor. Yine de yapmaya devam ediyorum.

Aylardır planladığım yeni bir proje üzerinde çalışmak için güneye doğru arabayla yola çıkıyorum. Tarihi belirlemek kolay olmadı ama sonunda o gün geldi. Otel uzun zaman önce rezerve edilmişti ve çalışma çantam yeni toplanmıştı. Seyahat planımı tamamladım ve yolda dinlemek için yeni bir sesli kitap indirdim. Öngörülemez tek bir şey vardı: hava durumu.

Bütün hafta boyunca, planlarımı suya düşürmekle tehdit eden kısa süreli fırtınaları izlemiştim. Tahminler, güneye özgü aniden çıkan yaz fırtınalarına değil, bölgenin tamamını kapsayacak şekilde gelen büyük bir cepheye işaret ediyordu. Arkadaşım durumu ilk olarak bu hafta başlarındaki kızlar gecesinde fark etti. Biz sohbet edip yarı fiyatına şarap kadehlerini yuvarlarken, omuzlarımızın üzerinden barın televizyonundaki sessize alınmış meteoroloji uzmanına baktı. "Hey, Nashville'e ne zaman gidiyorsun?" diye sordu. "Bu fırtına pek de iyi görünmüyor."

Düzinelerce kız gecesini hem mantıklı hem de diğer türlü korkularımızı tartışarak geçirdiğimiz için arkadaşlarım güneşli günlerde bile tedirgin bir sürücü olduğumu ve fırtınalarda araba kullanmaktan nefret ettiğimi bilirler. Ve çok değil, sadece haftalar önce, ailemin şimdiye kadar yaşadığım en kötü fırtınaya nasıl yakalandığını biliyorlar, üstelik tam da yakında bu kez tek başıma araba kullanacağım aynı I-65 şeridinde. Yıllık plaj tatili haftamız için Florida'ya gidiyorduk; kocam Will, direksiyonun başındaydı. Genelde onun sakin varlığı beni rahatlatırdı ama bu sefer o bile korkmuş görünüyordu. İnşaat duvarları kenara çekilemeyeceğimiz anlamına geliyordu ve radar yağmurun saatlerce dinmeyeceğini gösteriyordu. Görüş neredeyse sıfırdı ve arkadaşlarıma olaydan sonra, eyaletler arası yolda yüz arabalık bir kazaya karışmamış olmamızın bir mucize olduğunu söylemiştim.

"Bir daha asla" demiştim hikâyeyi anlatırken.

Ancak beş günlük tahmine göre, tekrarlanan bir performans mümkün gibiydi. Belki de yüksek ihtimaldi. Arkadaşım, "Şu hava tahminine dikkat etsen iyi olur" dedi.

Arkadaşımın sözlerini çok ciddiye aldım, belki de biraz fazla. Bu hafta, fırtınanın dağılacağını veya yolunun değişeceğini umarak sürekli hava durumunu kontrol ediyordum. Güneşli iki sonuç da gerçekleşmedi.

Fırtına yavaşlamak yerine şiddetini artırdı, kaygı seviyem de öyle.

Yola erken çıkmak bir seçenek değil. Louisville'deki evimde yapacak işlerim var. Üstelik bu sezon çok seyahat ettim ve ailemden tekrar ayrılma fikri pek de cazip gelmiyor. Bir aile yemeğini daha kaçırmak istemiyorum ya da güzel bir yaz gecesinde olacağa benzeyen oğlumun büyük beyzbol maçını da öyle.

Ama fırtınada nasıl iki yüz mil araba kullanabileceğim konusunda hiçbir fikrim yok.

Şimdi, bir sonraki tıklamamın gerçekliğin daha mutlu bir versiyonunu sunacağını umarak bilgisayar monitörüme bakıyorum. Ama her seferinde, The Weather Channel'ın sunduğu yeni yanıttan hoşlanmıyorum ve bu yüzden tekrar tekrar tıklıyorum. *Bir şeyi de gerçekten halletmiş olayım* diye kendimi bilgisayardan uzaklaştırıyorum, ama fırtına yaklaşırken konsantre olamıyorum. Bu yüzden gizlice ekranıma geri dönüp tekrar kontrol ediyorum. Her tıklamada kendimi daha tedirgin hissediyorum.

Çok geçmeden, fazla aşina olduğum aşırı düşünme döngüsüne takılıp kalıyorum, başka hiçbir şeye odaklanamıyorum. İşaretleri biliyorum: Her zaman yapacak daha iyi şeylerim olduğunu bilmeme rağmen hiçbiri yapıcı olmayan bir sürü zihinsel eylem. Tüm zihinsel enerjim, gerçekten dikkatimi vermem gereken şeyler yerine, hava tahminleri tarafından tüketiliyor – ki bu konuda hiçbir şey yapamam.

Ne yapacağım hakkında ne kadar çok düşünürsem, cevaptan o kadar az emin oluyorum. *Şimdi gitmeli miyim? Beklesem mi? Beklemeye ve umut etmeye devam mı etmeliyim?* Aşırı düşünme sarmalımda ne kadar derine batarsam, karar verme yeteneğime de o kadar az güveniyorum ve önümdeki sorun daha büyük bir endişeye dönüşüyor: Nasıl bir aptal The Weather Channel'a gözünü dikerek saatlerini harcar? İşin ehli bir yetişkinin basit bir kararı verebilmesi gerekmez mi? Tüm bakış açımı kaybetme tehlikesiyle karşı karşınayken işin komik tarafını fark ediyorum. Arkadaşıma şu mesajı yazıyorum:

Şu anki durum: Şimdilik *Her Şeyi Düşünme* diye adlandırdığım bir kitap üzerinde çalışmaya başlamak için Nashville'e yapacağım gezi hakkında çok fazla düşünüyorum.

Her Şeyi Düşünmek: Nedir, Ne Değildir?

Her Şeyi Düşünme adlı bir kitap alan herkes halimi anlayabilir, çünkü bunlar sizin de başınıza gelmiştir. Verimsiz, hatta yıkıcı bir düşünce döngüsüne yakalanmanın nasıl bir his olduğunu bilirsiniz.

Her şeyi düşünmekten bahsettiğimizde, uyuyacak bir yer veya bir sonraki yemeğimizi nerede bulacağımız gibi temel ihtiyaçlarımızın karşılanmasından bahsetmiyoruz. Bu temel sorular ilgiyi hak ediyor ve düşünmeyi gerektiriyor - bazen oldukça fazlasını. Ve kariyer değiştirmek, bir ilişkiyi bitirmek veya başka bir şehre taşınmak gibi önemli yaşam kararlarından bahsetmiyoruz. Bunun gibi büyük kararlar özel olarak üstünde düşünmeyi gerektirir. Her şeyi düşünmekten bahsettiğimizde, hak etmeyen şeylere zihinsel enerjimizi savurduğumuz zamanlardan bahsediyoruz. Düşüncelerimizin başka yerlerde daha iyi harcanacağını bilsek de, başka hiçbir şey düşünemiyormuş gibi hissettiğimiz zamanlar.

Fazla düşünmenin farklı biçimleri vardır. Bazen endişe gibi görünür. Geçmişte yaptığımız bir şeyi gözden geçirirken veya gelecekte olabilecek bir şeyi hayal ederken kendimizi sıkışmış hissedebiliriz. Patronumuzdan gelen o kısa e-posta veya çocuğumuzun öğretmeninin notu hakkında yaratıcı ve korkunç sonuçlara varmak için yirmi dakika harcayabiliriz ya da annemizin neden bizi geri aramadığına dair kafamızda ayrıntılı ve korkutucu bir senaryo oluşturabiliriz. Arkadaşlarımızın bizim hakkımızda gerçekten ne düşündüğünü veya sevdiğimiz birinin bizden bıkıp bıkmadığını veya kütüphane cezalarımızın gerçekten ve tam anlamıyla kontrolden çıkıp çıkmadığını merak ederek geceleri uykusuz kalabiliriz.

Bazen gereğinden fazla düşünmek, küçük şeyler için endişelenmeye, nispeten önemsiz şeylere beyninizde gereğinden fazla yer ayırmaya benzer. Kendimizi, bu yeni kotu bir büyük bedeniyle değiştirmeli miyiz ya da çamaşır makinesi suyunun neden eskisi kadar sıcak gelmediği ve bu konuda ne yapmamız gerektiği konusunda uzun bir düşünce zincirinin ortasında bulabiliriz.

Bazen gereğinden fazla düşünmek kendimizden şüpheye düşmek gibi görünür. Sırf istiyoruz diye alışveriş listesine çiçek koyduk, ama ödeyeceğimiz paraya *gerçekten* değer mi? O konserle ilgileniyoruz, ama geceyi evde geçirsek daha mı iyi olur? Çocukların meteor yağmurunu görmesini istiyoruz ama uykusuzluk buna değecek mi? Eski dostları görmek harika ama bütün tatil zamanımızı yeniden bir araya gelmek için harcadığımıza pişman mı olacağız? Gevelemek rahatsız edici ancak herhangi bir yol gösterici prensip veya tutarlı bir felsefe olmadan kendimize yardım edemiyor gibi görünüyoruz.

Düşüncelerimize yön veren endişe ister büyük ister küçük olsun, ortak noktanın farkındayız: Bu düşünceler tekrarlayıcı, sağlıksız ve yararsızdır. Beynimiz durmadan çalışıyor ama hiçbir şey başaramıyordur. Bu çok yorucudur ve kendimizi berbat hissetmemize neden oluyordur. Susan Nolen-Hoeksema, araştırmaları kadınların ruh sağlığı ve esenliğine odaklanan Yale'de bir psikoloji profesörüydü. Yirmi yılı aşkın bir süreyi aşan çalışmaları, Her şeyi düşünmenin hayatı zorlaştırdığını, ilişkilerimize zarar verdiğini ve depresyon, şiddetli anksiyete ve aşırı alkol kullanımı gibi zihinsel bozukluklara katkıda bulunabileceğini gösterdi.

Her şeyi düşünmek aynı zamanda önemli bir fırsat maliyeti de taşır. Zihinsel enerji sınırsız bir kaynak değildir. Her gün harcayacak ancak belli bir miktar var ve onu nasıl harcamayı seçtiğimiz önemli. Annie Dillard'ın yazdığı gibi: "Günlerimizi nasıl geçirdiğimiz, elbette hayatımızı nasıl geçirdiğimizdir. Bu saati ve o saati ne yaparak geçiriyorsak yaptığımız şey odur."

Zamanımızı fazla düşünerek harcadığımızda, *yaptığımız şey işte budur.*

Kabul edelim: Kimse her şeyi düşünmeyle karakterize edilen bir hayat yaşamak istemez. Ama bu bizim *seçtiğimiz* bir şey gibi gelmiyor; kaçamadığımız bir şey gibi geliyor. Geçen perşembe yaptığımız bir konuşmayla ya da doktora gidecek kadar hasta olup olmadığımızla ya da bu hafta bir Costco alışverişi sıkıştırıp sıkıştıramayacağımızla ilgili verdiğimiz kararı sorgulayarak değerli biricik hayatımızı boşa harcamak istemiyoruz. Kendimiz için daha iyisini istiyoruz. Ama oraya nasıl gideceğimizden emin değiliz.

Geçenlerde bir arkadaşım, bir kadın dergisinde okuduğu ve akşam yemeğinden sonra sizi strese sokan hiçbir şeyi düşünmemeye karar vererek her şeyi düşünmeyi bastırmanızı tavsiye eden bir yazıdan bahsetti. Buna beraber güldük. Kulağa hoş geliyor, ama bu gerçekte nasıl yapılır ki? Eğer basitçe düşünmemeye karar verilebilseydi, fazla düşünme problemimiz olmazdı, değil mi?

Hayatımızda bu kadar büyük yer kaplayan bu küçük şeyi çözmek neden bu kadar zor?

Her Şeyi Düşünmek Kadınları Erkeklerden Daha Çok Etkiler

Nolen-Hoeksema, "Aşırı düşünme salgınından mustaribiz" diye yazıyor. Sorun yaygın ve sinirbilim ve sosyalleşmenin birleşimi sayesinde özellikle kadınların başına bela oluyor. En son araştırmalara göre, erkeklerle kıyaslandığında gerçekten kadınların beynini meşgul eden daha fazla şey var. 2017'de Amen Clinics'teki araştırmacılar, "çalışmadaki kadınların beyinlerinin, erkeklere göre çok daha fazla bölgesinde, özellikle de odak ve dürtü kontrolü ile ilgili prefrontal kortekste ve beynin ruh hali ve kaygıyla ilgili limbik veya duygusal alanlarında önemli ölçüde daha aktif olduğunu" gösteren görüntüleme verilerini yayımladılar.

Bu farklılık, kadınların daha fazla düşünüp taşınma, aşırı analiz yapma ve kararsızlıktan felce uğrama olasılıklarının daha yüksek olmasının temel bir nedeni olabilir. Harekete geçmek yerine direniyoruz, endişeleniyoruz, kendimizi sorguluyoruz. Ve ister biyoloji ister sosyalleşme nedeniyle olsun, başkalarıyla olan duygusal bağlarımıza erkeklerden daha fazla odaklanıyoruz. Nolen-Hoeksema'ya göre:

> Kadınlar, her şey hakkında uzun uzadıya düşünüp taşınabilirler – görünüşümüz, ailelerimiz, kariyerimiz, sağlığımız. Çoğu zaman bunun kadın olmanın bir parçası olduğunu düşünürüz... Bu kısmen doğru olabilir, ancak her şeyi düşünmek aynı zamanda kadınlar için zehirlidir.

Sorunlarımızı çözme yeteneğimize ve motivasyonumuza müdahale eder. Bazı arkadaşları ve aile üyelerini uzaklaştırır. Ve duygusal sağlığımızı mahvedebilir. Kadınların ciddi şekilde depresif veya endişeli olma olasılığı erkeklerin iki katıdır ve aşırı düşünme eğilimimiz bunun nedenlerinden biri gibi görünmektedir.

Daha yeni araştırmalar, sorunun daha da kötüleştiğini gösteriyor. 1989'dan 2016'ya kadar doğum kohort farklılıklarını analiz eden bir çalışma, tehlikeleri konusunda artan farkındalığa rağmen, mükemmeliyetçiliğin zaman içinde arttığını gösteriyor. 3. Bölüm'de inceleyeceğimiz gibi, mükemmeliyetçilik fazla düşünmekle güçlü bir şekilde bağlantılıdır ve günümüz gençlerinin önceki nesillere göre daha rekabetçi ortamlar ve daha gerçekçi olmayan beklentilerle karşı karşıya olduklarına dair bulgular, onların zihinsel veya duygusal sağlıkları için pek de iyi haber değildir.

Böyle olmak zorunda değil. Daha iyisini yapmayı öğrenebiliriz ve öğrenmeliyiz. Sonuçları bunu yapmamamız için fazla ciddi.

Bu Kitabı Nasıl Kullanmalısınız?

Bu kitap, benim gibi bir gün geriye dönüp baktığında hayatımızı hakkını vererek yaşadığımızı ilan etmek isteyenler için. Hayatımızı hakkını vererek yaşamanın, önemli olan şeyler hakkında, iyi düşünmeye bağlı olduğunu görebiliriz. Karar yorgunluğunun üstesinden nasıl geleceğimizi, bunalmış hissetmeyi nasıl durduracağımızı ve hayatımıza daha fazla huzur ve neşe getirmeyi öğrenmek isteriz. Bu, hem dakikalarımıza hem de günlerimize nasıl yaklaşacağımızı öğrenme stratejileri anlamına gelir.

Zaman içinde, güvenebileceğim süreçleri bilinçli olarak geliştirdim, fazla düşünme sahasına girdiğimde bunlara dönüyorum. Yıllar içinde, basit stratejilerin ve ince bakış açısı değişikliklerinin hayatın bazı yönlerini kolaylaştıran aydınlanma anlarını nasıl tetikleyebileceğini gördüm. Birer birer alınan bu küçük değişimler tam da öyledir: küçük. Yine de toplamda, hayatımı değiştirdiler.

Bu bilgiyi başkalarıyla paylaşmak istedim ve bu yüzden bu kitabı elinizde tutuyorsunuz. Bu konu hakkında, özellikle de düşünüp durmak konusunda zaten faydalı bilgiler var, ancak fazla düşündüğümü bildiğim tüm yolları ele alan veya sadece düşünüp taşınmaktan daha fazlasını önlememe yardımcı olacak stratejileri paylaşan mevcut kaynakları bulamadım. Fazla düşünme hakkında daha fazla şey öğrendikçe, fazla düşünmenin hayatımızın ne kadar çok tarafına dokunduğuna giderek daha fazla şaşırdım. Hem fazla düşünmenin geniş kapsamlı, yıkıcı etkilerini hem de daha iyisini yapmayı öğrenebileceğimiz her zaman apaçık olmayan yolları yansıtan bir kitap yazmak istedim.

Yazmaya blogger olarak başladım. Yıllar boyunca en sevdiğim gönderiler, beklenmedik, görünüşte ilgisiz unsurları, okuyucunun bir durumu -ve kendini- yeni bir şekilde görmesine imkân vererek taze bir içgörü sağlayacak şekilde birleştiren gönderiler oldu. Bu kitap, konu ve kapsamda aynı yaklaşımı yansıtıyor: Bazı şeyleri beklemeyeceğiniz şekilde bölüyor, tahmin edemeyeceğiniz konuları içeriyor ve konuyla ilgili önceki kitaplardan daha geniş bir bakış açısı sunuyor. Bunu bilerek yaptım çünkü konunun bunu hak ettiğine inanıyorum. Ve biz kadınların buna ihtiyacı var.

Şunları yaparak ısrarla fazla düşünmeyi nasıl durduracağımızı öğrenebiliriz:

- *Kendimizi başarıya hazırlamak.* Fazla düşünmeye eğilimli olmayan türden insanlar olmamızı sağlayan sağlam bir temel oluşturmanın önemini inceleyeceğiz.
- *İdareyi ele almak.* Sağlıksız düşünce kalıplarını o anda nasıl aşacağımızı öğreneceğiz ve ilk etapta bu kalıplara girmeyi zorlaştıran yöntemleri uygulayacağız.
- *Güneşin içeri girmesine izin vermek.* Fazla düşünenler, kendilerinin hayatın basit zevklerinden çok uzak olduğunu düşünürler, ancak biz onları nasıl akıllıca hayatımıza dahil edeceğimizi inceleyeceğiz.

Fazla düşünmekle geçen bir hayata mahkûm değilsiniz. Daha iyisini yapabilirsiniz, ancak bu hemen olmayacak. Düşünce hayatınızı kontrol altına almak bir süreçtir. Göreceğiniz gibi benim için öyle oldu. Bazı günler iyiyim; saatlerimi ve buna bağlı olarak hayatımı nasıl geçirdiğimden memnunum. Bazen mücadele ediyorum ve bunu yapmaya devam edeceğimi biliyorum. Asla "varmayacağım" ama ne kadar ilerlediğimi görebiliyorum. Süreç kolay olmadı, ama buna değdi.

Ve sizin için de olabilir.

Bu kitapta, benim ve diğer pek çok kişinin aşırı düşünmenin üstesinden gelmesine yardımcı olan yöntemleri keşfedeceğiz. Bazı stratejiler sıradanken, diğerleri kolayca kavranabilir ve anında hayat değiştiricidir. Bazıları para ve anılarla ilgiliyken, diğerleri sade bollukla ilgilidir. Bazıları daha ağırdır, bazıları ise cevap açık seçik ortada olmadığında bir karara varmamıza yardımcı olur.

Geçen haziranda beni Nashville çılgınlığımdan kurtaran işte bu son stratejiydi. Sayfayı deli bir kadın gibi yenileyerek, asla gelmeyecek daha iyi bir cevabı umarak The Weather Channel web sitesine kilitlendiğim mutfak masama geri dönelim.

Arkadaşım yardım mesajıma gülerek cevap veriyor ve ardından soruyor: "Seyahat detaylarında seni strese sokan nedir?" Benden meseleyi tam olarak dile getirmemi istiyor ve ben de yapıyorum: Ona seçeneklerimden nefret ettiğimi söylüyorum. Bu gerçekliği dile getirmek bir şikâyet gibi gelmiyor; netlik gibi geliyor. *Her iki şekilde de mutlu olmayacağım.*

Sonuçtan hoşlanmasam bile, bu sonucun doğru olmadığı anlamına gelmez. Ve bu beni seçim yapmak için özgür bırakıyor.

Artık çıldırmış halde değilim. Hava tahmini kontrol ediyorum – bu sefer bir amacım var. Trafik durumunu kontrol ediyorum. Bilgisayarı bir planla kenara itiyorum ve birkaç saat sonra, planlanandan yirmi iki saat önce yola çıkıyorum. İdeal bir değil, ama işe yarıyor ve karar verme kısmı çok şükür geride kaldı.

Yolda sadece biraz yağmur yağıyor.

Sonraki Adımlar

Fazla düşünen biri olup olmadığınızı görmek için aşağıdaki testi yapın.

1. Bazen hak etmeyen şeylere zihinsel enerji harcıyor musunuz?
2. Başka şeyler düşünmenizin daha iyi olduğunu bilseniz bile, başka bir şey düşünemiyormuş gibi hissettiğiniz zamanlar oluyor mu?
3. Hiç kendinizi geçmişte olup bitmiş bir şeyi tekrar gözden geçirmekle sıkışıp kalmış gibi hissettiniz mi?
4. Verdiğiniz kararı sık sık sorgular mısınız?
5. Küçük şeyler için endişelenir ve nispeten önemsiz meseleler veya problemler hakkında düşünmek için çok fazla zaman harcar mısınız?
6. Düşünceleriniz bazen geceleri sizi uyutmuyor mu?
7. Tekrarlayan, sağlıksız ve yararsız olduğunu bildiğiniz düşüncelerle kendinizi meşgul eder misiniz?

Bu sorulardan bazılarına evet yanıtı verdiyseniz, bazı şeyleri fazla düşünme eğilimindesiniz demektir. Okumaya devam edin, çünkü bunu yapmaya devam etmek zorunda değilsiniz.

1. Kısım

Kendinizi Başarıya Hazırlayın

2

Süreci Çalışın

Hiçbir şey öylesine başına gelmemişti, bir seçim yapmıştı ve ondan sonra bir tane daha ve bir tane daha yapmıştı. Bir arada ele alındığında, birinin yaptığı küçük seçimler bir hayatı meydana getirdi.

J. Courtney Sullivan

Kendi deyimiyle kronik olarak fazla düşünen bir arkadaşım var. Böyle doğduğunu ve böyle biri olduğunu söylüyor. Hikâyenin sonu.

Aslında bunun sevimli olduğunu düşünüyor – biz kadınlar ailelerimizi o kadar çok seviyoruz ki kendimizi onlar için endişelenmekten alıkoyamıyoruz. İster evimizde, ister işimizde, ister ilişkilerimizde olsun, her şeyi doğru yapmaya kendimizi adadığımız için, her zaman onları düşünmemiz doğal. Kendimizi tutamıyoruz, yüreğimize sağlık. Fazla düşünmeyle mücadelesi ne zaman sohbette gündeme gelse, hep retorik olarak şunu sorarak bitiriyor: "Ama ne yapacaksın ki?"

Yapabileceği bir şey olmadığını varsayıyor. Ve bu şaşırtıcı değil. Etrafımıza baktığımızda, bu düşünce kalıplarının doğal olarak oluştuğuna inanan, aşırı düşünen çok sayıda kadın görüyoruz ve bu konuda yapabilecekleri hiçbir şey yok. Bunun böyle olduğunu düşünmek kolay.

Bu yanlış anlama yaygındır, ancak zararsız değildir. Gerçekler ne olursa olsun, arkadaşımın zihniyeti değişimi imkânsız kılıyor. Yapamayacağımızı varsaydığımızda, olmayacağımız garantidir. Bazılarımızın doğal olarak diğerlerinden daha kararlı, daha rahat veya daha özgüvenli olduğu doğrudur. Bazılarımız fazla düşünmeye daha meyilliyiz. Ancak bu sözün sonu değil, başlangıç noktasıdır. Orası başladığımız yer, sonunda varmanın kaderimizde olduğu yer değil.

Değişebileceğinize İnanmalısınız

Fazla düşünmek bana her zaman doğal gelmiştir. Benim için fazla düşünmemek zahmetsiz *değildir*. Düşünce hayatımı nasıl kontrol altına alacağımı öğrenmek zorunda kaldım ve bunca yıldan sonra bile *hiçbir zaman* fazla düşünmemeyi beklemiyorum. Ancak, zamanın önemli bir yüzdesinde bunu başardığım için mutluyum – aslında bu o kadar sık oluyor ki dışarıdan fazla düşünmemek bana doğal geliyormuş gibi görünebilir.

Ancak görünüş hikâyenin tamamını anlatmaz.

Bu fikir, reklamcılar tarafından, 150 yıllık reklamcılık tarihinin şu an en çok bilinen ifadesi etrafında kurulan uzun süreli bir kozmetik kampanyasında yakalandı: "Belki de böyle doğmuştur. Belki de sırrı Maybelline." Çocukken bu reklamları çok severdim. Her zaman güzel, iyi giyimli bir kadını gösterir, izleyiciyi, kadının uyandığında yüzünün böyle mi göründüğünü yoksa bu "görünüşü" elde etmek için Maybelline makyajına mı bel bağladığını merak etmeyi telkin ederdi. (Gerçi çocukken bile cevabın Maybelline olduğu her zaman açıktı.)

Fazla düşünmek ya da daha doğrusu, fazla düşünmemekte de bu böyle. Belki kendinden hiç şüphe duymuyormuş gibi görünen birine bakıp, *keşke ben de böyle olabilseydim* diye düşünürüz. Ya da daha kötüsü, *asla böyle olmayacağım.* O hiçbir zaman olumsuz düşünce kalıplarına çekilmiyor ya da kendinden şüpheye düşüyor gibi görünmüyor, öyleyse biz neden bunları yapıyoruz? Onun doğuştan böyle olduğunu varsayabiliriz. Ama ya değilse? Ya yavaş yavaş, yavaş yavaş bunu öğrenmek zorunda kaldıysa?

İlk gruba ait olan insanlara hayranım ama ben ikinci gruptanım. Şimdi bu size zahmetsiz görünebilir, ama güvenin bana - ben bunu öğrenmek zorunda kaldım. Ve siz de yapabilirsiniz. Mükemmellik mümkün değildir ama değişim tamamıyla öyledir.

Kendinizi Farklı Şekilde Tanımlamaya Başlayın

İlk kitabım, *Reading People*'da (Okuyan İnsanlar) kendimizi nasıl gördüğümüzün, hayatımızı nasıl yaşadığımız üzerinde çok büyük etkileri olduğu hakkında yazıyorum. Boşluğa ne gelirse gelsin, "Ben _____ türden bir insanım" güçlü bir ifadedir. Kimlik duygumuzdaki bir değişiklik, yani bu boşluğu nasıl doldurduğumuzdaki bir değişiklik, davranışımızda neredeyse anında büyük değişikliklere neden olabilir.

Şu andan itibaren, kendinizi kronik fazla düşünen biri olarak tanımlamanızı istemiyorum. Kendinize öyle demeyin, kendi kafanızda bile. Fazla düşünmek şu anda yaptığınız bir davranış olsa da artık kimliğinizin bir parçası değil. Bunun yerine, kendinizi –sadece kafanızda olsa bile– aşağıdakilerden biri olarak tanımlamaya başlayın:

- Daha az karar kaygısına ve daha fazla neşe ve huzur deneyimleme yeteneğine sahip olan
- Kendinden emin, yetkin kararlar vermeyi öğrenebilen
- Alışkanlıkla kendini sorgulamaya gerek duymayan
- Önemsiz, sağlıksız ve yararsız olanı filtrelemeyi öğrenen
- Fazla düşünmeyi durdurmak için stratejiler geliştiren
- şler planlandığı gibi gitmediğinde zarafetle çark etmeye donanımlı olmaya başlayan
- Hayatına güzel şeyler katmak için fazla düşünmeyi bir kenara bırakabilen

Zihniyetinizi değiştirmek yalnızca ilk adımdır, ancak bu önemli bir adımdır. Şimdi yapacak bazı işleriniz var. İlerleme kendi kendine olmayacak ve bir gecede olmayacak ama olacak.

Kendime Bakışımı Değiştirmeye Nasıl Başladım?

Üniversiteden mezun olduktan iki yıl sonra İkiz Kuleler çöktü. Olay olduğunda New York'a yakın değildim; Prag'dan o yöne giden bir uçaktaydım. Çek Cumhuriyeti'nden ayrıldıktan saatler sonra uçağımız geri döndürüldü ve orada, 11 Eylül, arı sokması, alerji ve bir Alman acil servisini içeren alışılmadık bir trajedi ve basit bir şanssızlığın birleşimiyle hayatımda ilk kez panik atak geçirmeye başladım.

Haftalar sonra, nihayet Amerika Birleşik Devletleri'ne döndüğümde doktorumla görüştüm. Bana deneyimimin sık rastlanır olduğunu söyledi: 11 Eylül'den sonra artan stres seviyelerim beni arı sokmasıyla tetiklenen tam bir panik atak geçirmeye yatkın hale getirmişti. Panik ataklar daha fazla panik atağı tetiklediği için stres tepkimi hızlı bir şekilde düşürmemiz gerektiğini söyledi. Deneyimlediğim her bir panik atakla, sinir sistemime bir diğerini ve bir diğerini daha geçirmeyi çok daha kolay hale getiren oluklar kazdım. Vücudumun bu rotayı ezberlemesini istemiyordum.

Doktorum anksiyete ve tansiyon ilaçları yazdı ve beni yolladı ama vedalaşırken bir şekilde hayatımı değiştiren rasgele bir yorum yaptı. "Zihinsel arena benim uzmanlık alanım değil" dedi. "Ama şunu biliyorum: Düşünceleriniz düşmanınız olabilir ya da onları müttefikiniz yapabilirsiniz."

Onun gözlemi ilgimi çekti. Ne anlama geldiğini veya nasıl uygulamaya koyacağımı tam olarak anlamadım, ancak düşüncelerimin sağlığım ve iyi olmamla yakından bağlantılı olduğunu anladım -bu benim daha önce pek düşünmediğim bir şeydi- ve bu bağlantıyı keşfetmek harikuladeydi. Hevesli okuyucuların yaptığı gibi bir keşif yolculuğuna çıktım: Kütüphaneyi ve kitapçıyı ziyaret ettim, sağlık, meditasyon ve farkındalıkla ilgili kaynakları stokladım. Ve ne düşündüğüme çok daha fazla dikkat etmeye başladım.

Okurken, düşünce hayatım üzerinde ne kadar kontrole sahip olabileceğimi keşfettiğimde şaşırdım. Kabiliyet başından beri oradaymış ama ben fark etmemiştim. Sadece düşüncelerimi müttefikim yapmanın ne anlama gelebileceğini anlamakla kalmayıp, aynı zamanda ilk kez bunu *nasıl* yapabileceğimi de görmeye başladım.

Her Şeyi Düşünmeyi Bırakmak İçin Stratejiler Öğrenebilirsiniz

Bana "Keşke her şeyi düşünmeyi bırakabilsem" diyen kadınlarla bolca sohbet ettim ama onlar hiçbir şeyi farklı şekilde yapmaya çalışmıyorlar. Bunun mümkün olduğuna inanmıyorlar, bu yüzden bu konuda hiçbir şey yapmaya çalışmıyorlar. Bunun nasıl bir his olduğunu biliyorum çünkü ben de onlardan biriydim. Doktorumun rasgele yorumu, değişme gücüne sahip olduğumu anlamamı sağladı. Yapabileceğimi öğrendiğimde, nasıl yapabileceğimi araştırmaya başladım.

Ve nasıl yapabileceğini bilmek her şeyi değiştirir. Var olduğuna inanmazsak bir çözüm aramayacağız.

Son zamanlarda, kendi yanlış varsayımlarım beni çözümlerden uzaklaştırdı. Ailemizin bir minibüsü var, herkesin rüyalarındaki araba değil ama ben, benimkiyle ilgili birkaç şeyi seviyorum. Listemin başında, güvenli bir şekilde geri gitmeme ve şerit değiştirmeme yardımcı olan kamera özelliği geliyor. Onu seviyorum, ama eskiden güvenilmezdi. Kameranın yalnızca ben geri vitesteyken veya sağ sinyal lambam yanıyorken görüntü vermesi gerekiyordu, ancak bazen kapanması gerektiği zaman kapanmıyordu ve istemediğim veya buna ihtiyaç duymama rağmen ekran ışığı yanıyordu. İnanılmaz derecede sinir bozucuydu, ama bu konuda yapılacak hiçbir şey yoktu.

Ya da ben öyle varsaydım.

Ama geçen kış, on altı yaşındaki çocuğum ön ehliyetini aldı. O sırada, bir yıldan fazla bir süredir minibüsün sahibiydik. Bir gün oğlumuz direksiyon başındayken dönüş sinyalini verdi ve daha önce fark etmediği bir düğmeyi fark etti. Bize "Bu düğme ne işe yarıyor?" diye sordu.

Will ve ben bu düğmeyi bilmiyorduk; ne yaptığını bilmiyorduk. Ona basmasını ve ne olacağını görmesini söyledik.

Düğmenin ne yaptığını tahmin edebilir misiniz? Tabii ki edebilirsiniz. *Bu düğme kamerayı kapatıyordu.*

Bir yıldan fazla bir süredir, kamerayı kapatamama, beni boş yere hayal kırıklığına uğratmıştı, ama onu kapatmanın yolunun hep orada olduğunu bilmiyordum. Çünkü bir çözüm olduğunu asla hayal etmedim, bir çözüm aramadım. Cevap tam anlamıyla parmaklarımın ucundaydı ama ben bunu bilmiyordum.

Fazla düşünmeye gelince, aynı şey çoğumuz için de geçerlidir. Bundan rahatsız oluruz, ancak bu konuda hiçbir şey yapmayız çünkü değişimin ulaşılabilir olduğunu bilmiyoruz.

Elbette, fazla düşünmeyi azaltmak, dönüş sinyalindeki bir düğmeye basmak kadar basit değildir. Keşke öyle olsaydı! Ama elimizin altında stratejiler var ve onları nasıl kullanacağımızı öğreneceğiz.

Düşünce hayatımı anlamaya çalışmayı, araba kullanmayı öğrenmeye benzetiyorum. (Araba benzetmelerini kullanmaya devam etmem çok komik çünkü ben bir araba insanı değilim. Ama benzetme işe yarıyor: Araba karmaşık bir ekipman ve insan beyni de öyle.) Güvenli bir şekilde araba kullanmak için, bir sürücünün temel bilgileri öğrenmesi gerekir: Kontağı nasıl çalıştıracağını, aynalarını nasıl kontrol edeceğini, dönüş sinyallerini nasıl kullanacağını ve park frenini nasıl çekeceğini bilmesi gerekir. Ön camını nasıl temizleyeceğini, depoya nasıl benzin koyacağını ve yağı nasıl değiştireceğini bilmesi gerekir. Ama hepsi bu kadar değil. Ayrıca önünde olup bitenlere -motoru arızalanmış bir aracın etrafından dolaşmak, bir yaya için fren yapmak, aracınızı çok yakından takip eden bir araçla uğraşmak veya patlak lastik gibi bir acil durumla başa çıkmak gibi- nasıl tepki vereceğini bilmesi gerekir. Bu beceriler, otomobilin ve sürücünün sorunsuz iş görmesini ve sürücünün bir sorun çıktığında karşılık verebilmesini sağlar.

Aynı şey fazla düşünme için de geçerlidir. Bazen, o andaki aktif bir fazla düşünme durumuna karşı kendimizi korumamız gerekir. Olumsuz bir düşünce kalıbına kapıldığımızı fark ettiğimizde bu, şeridimizde motoru arızalanıp durmuş bir araç görmek gibidir. Hoş olmayan sonuçlardan kaçınmak için rotayı hızlı bir şekilde değiştirmeliyiz. Sonraki bölümlerde, fazla düşünmenin aktif örneklerinin üstesinden gelmek için stratejiler öğreneceğiz.

Ancak, sürekli olarak fazla düşünmeyi bırakmak için, yararlı bir düşünce yaşamını karakterize eden, o aracın uzun süre iyi çalışmasını sağlayacak beceri ve alışkanlıkları geliştirmek istiyoruz. Düşünce hayatınızı kontrol altına almak zor gelebilir – belki de o kadar zor ki bu mümkün görünmeyebilir. Ama başlangıçta burada sizi bunun şu anda zor olduğunu düşünmeye davet ediyorum.

Hep Böyle Zor Kalmayacak

Birkaç yıl önce, çocuklarımdan biri özel dersteyken, öğretmenin çocuğumu sayılarla zorlu bir alıştırma yaptırdığı bir oturuma davet edildim. (*Ben* bile ayak uydurmakta zorlandım.) Çocuğum sayıların bulunduğu ilk sütunda tökezledikten sonra, öğretmen bir sonraki daha zor sütunu birlikte deneyip deneyemeyeceklerini sordu.

Çocuğum "Bence bu çok zor" dedi. Sızlanma yok, şikâyet yok – sadece basit bir gerçeğin ifadesi. Bu işi yapamayacağını düşünüyordu. Bu beni rahatsız etmedi.

Ama öğretmen refleks olarak "*Şu anda* çok zor" diye karşılık verdi.

Çocuğuma becerilerini geliştirmeye devam ettikçe bu sütunun artık zor olmayacağını açıkladı. Nasıl yapılacağını birlikte öğreneceklerdi. Bugün zor ama böyle kalmayacak.

O günden oradan ayrılmadan önce, hoca beni bir anlığına kenara çekti. Çocukların daha iyi olabileceklerine inanmalarının ne kadar önemli olduğunu ve pratik yaparlarsa bugün neredeyse imkânsız olan egzersizlerin yarın mümkün olacağını açıkladı.

"Öğrencilerime zor şeyler yaptırırım" dedi. "Ama bu zor şeyler zor kalmıyor." Pratikle, bu zor şeyler yapılabilir hale gelir. Çok yakında, alışkanlık haline gelecekler.

İyi düşünmeyi öğrenmek bir süreçtir. Bazı stratejilerin uygulanması kolaydır, bazıları ise daha zordur. Bazıları gerçekten bir düğmeye basıyormuş gibi hissettirecek, bazıları ise azim gerektirecek. Yeni zihinsel uygulamaları ve düşünce kalıplarını benimsemek başta ürkütücü gelebilir ve bu hiç de şaşırtıcı değil. Depresyon ve anksiyete gibi zihinsel sağlık sorunlarına bütüncül bir yaklaşımı savunan tamamlayıcı bir psikiyatr olan Dr. Henry Emmons *The Chemistry of Calm* (Sakinliğin Kimyası) adlı kitabında, mevcut "vahşi zihin" durumumuzun doğal varoluş biçimimiz olduğunu hissetmemizin şaşırtıcı olmadığını yazıyor. "Çocukluğumuzdan beri uyanık olduğumuz saatlerin çoğunu düşünce alışkanlıklarımızı pekiştirmek için harcadık. Onları dikkat ve tekrar yoluyla güçlendiririz. Bunu tutarlı bir şekilde uyguladığımız her şeyde sonunda başarılı oluruz." Yaptığımız tüm alıştırmalar sayesinde (ya da yüzünden) gereğinden fazla düşünmekte iyi olduk.

Bu nedenle yeni stratejiler uygulamaya başlamamız gerekiyor ve yeni düşünme biçimleri uyguladıkça ve yeni düşünce alışkanlıklarını pekiştirdikçe, fazla düşünmemekte çok daha iyi olacağız.

Her Seferinde Küçük Bir Adım

Fazla düşünmeye kapılmak bir kısırdöngüdür. Emmons'un açıkladığı gibi: "Birçoğumuz tekrarlayan uygulamalar yoluyla sağlıksız sinir devrelerini güçlendiririz. Korkunç veya bozguncu bir düşünceyi her tekrarladığımızda, onu yeniden düşünmeyi kolaylaştıran bağlantıları güçlendiririz." Başka bir deyişle, ne kadar çok fazla düşünürsek, fazla düşünmeye devam etmek o kadar kolay olur.

Döngüyü kırmalıyız ve bunu küçük küçük başlayarak yapabiliriz. Nolen-Hoeksema'nın araştırması bu stratejinin etkinliğini doğrulamaktadır. Şöyle yazıyor: "Sorunumuzu çözmeye yönelik küçük bir şey yapmak, genellikle bir ayağını kapıdan içeri atma tekniğidir. Bu küçük çaba, diğer ayağı ve nihayetinde tüm vücudumuzu kapıdan sokmayı kolaylaştırır. Kısa bir süre sonra problemin sonunu ve oraya nasıl varacağımızı görmeye başlayana kadar küçük zaferler üst üste birikir."

Bu şu şekilde olabilir: Birkaç yıl önce bir arkadaş, çocuklarının eğitiminde büyük bir değişiklikle karşı karşıyaydı ve özellikle bu konu geçmişte büyük bir endişeye sebep olduğu için seçeneklerin her biri ödünü patlatıyordu. Onlarca ebeveynle konuştu, kütüphaneden yığınla kitap ödünç aldı ve farklı pedagojik yaklaşımları araştırmaya başladı. Hızla bunalıma girdi, karar vermeden önce bir yüksek lisans derecesine ve tam olarak ifade edilmiş bir eğitim felsefesine ihtiyacı varmış gibi hissetti, bu da sahip olduğundan daha fazla zaman alırdı. Geceleri, aklındaki tüm seçenekleri, neyin yanlış gidebileceğine dair tüm olasılıkları gözden geçirerek uykusuz kalıyordu.

Tam bir çöküşün eşiğindeyken, bir yıl önce benzer bir seçimle karşı karşıya kaldığımı bildiği için yardımımı istedi. Her seferinde bir adım atmasını önerdim. O anda tam olarak oluşturulmuş bir planı olmaması sorun değildi. Netliğe giden yolda bir sonraki adımı (küçük ve yapılabilir olan birini) atabilirdi. Ve bunu yaptı. Gün bitmeden önce bir okul turu planlamıştı ve kendini çok daha iyi hissediyordu.

Fazla düşündüğümüzde, yapılacak en kolay şey fazla düşünmeye devam etmektir. Döngüyü durdurmak için bu düşünce kalıplarını kesintiye uğratmamız gerekiyor ve bunu doğru yönde küçük bir adım atarak yapabiliriz. O zaman başka bir doğru adım ve sonrasında bir tane daha doğru adım atmak daha kolay hale gelir.

Fazla düşünmeye kapılmak bir kısırdöngü olabilir, ancak kendinizi çıkarmak erdemli bir döngüdür. Emmons'un dediği gibi: "Bu [olumsuz] kalıpları tekrar tekrar düşünerek pekiştirmeyi bırakabilirsek, yavaş yavaş zayıflayacaklar. Ve yakında eskilerin yerini alacak yeni, daha sağlıklı sinir devreleri yaratabileceğiz."

Yeni stratejiler öğrenmeye başladığınızda tavsiyem -ki bu kitapta sıklıkla tekrar edildiğini göreceksiniz- küçük bir adım seçip harekete geçmenizdir. Döngüyü kırmaya başlamak için yapabileceğiniz bir şey seçin, çok küçük bir şey olsa bile. İlerledikçe, bu kitaptaki stratejileri uygulayarak, sürece güvenerek, fazla düşünmenin üzerinizdeki baskısını gevşeteceksiniz. Kendinize olan güveninizin ve bilginizin arttığını göreceksiniz ve bunlar arttıkça sonraki adımlar daha kolay hale gelecek.

Fazla düşünmekle geçecek bir hayata mahkûm değilsiniz. Sürece güvenin ve bir sonraki adımınız için hazırlanın.

Sonraki Adımlar

Kendimizi görme şeklimizin, hayatımızı nasıl yaşadığımız üzerinde muazzam etkileri vardır. Fazla düşünme söz konusu olduğunda, şu anda kendinizi nasıl görüyorsunuz? Bu boşlukları doldurun:

1. Ben ....

....

....

.... türden bir insanım.

2. Kendinizi gelecekte nasıl görmek istersiniz? ....

....

....

....

3. Ben ....

....

....

.... türden bir insan olmak isterim.

3

Ne Yaptığınıza Dikkat Edin

Kesinlik asıl noktayı tamamen kaçırmaktır.

Anne Lamott

Kocam çocukken yinelenen bir ikilemle karşı karşıya kalıyordu. Annesi Target'a ne zaman gitse, onun oyuncak reyonunu keşfetmekten, ailenin mısır gevreğini seçmekten ve belki de harçlığıyla bir paket beyzbol kartı almaktan hoşlandığını bildiğinden onu da kendisiyle gelmeye davet ediyordu.

Will, Target'ta alışveriş yapmayı seviyordu. Ama mahalledeki arkadaşlarla oynamayı sevdiği kadar değil. Target'a gitmek istiyordu ama bir arkadaşıyla oynama fırsatını kaçırmak istemiyordu. Will'in en büyük korkusu, eğlenceli bir alışveriş gezisinden eve döndüğünde o dışarıdayken bir arkadaşının onu davet etmek için aradığını öğrenmekti.

Annesi onu kendisiyle gelmeye her davet ettiğinde, bir seçim yapması gerekiyordu: Mağazaya mı gitmeliydi yoksa bir arkadaşı oynamaya müsait olabilir diye evde mi kalmalıydı?

O düşünürken annesi artan bir sabırsızlıkla onu beklerdi. O sürekli iki seçenek arasında kalırdı.

Will'in çocukluktaki Target kaygısı hikâyesini yüzlerce kez anlattığını duydum ve bu her zaman insanları güldürür. Komik elbette, ama aynı zamanda, *ne hissettiğini anlıyoruz.* Olayları çok fazla düşündüğümüz için karar veremez hale geldiğimiz analiz felcinden mustaripti. Hepimiz bunu yaşamıştık - ve sadece çocukken değil. Dürüst olalım, fazla düşünme konusunda biz yetişkinler, tipik yedi yaşındaki çocuğunuzdan çok daha fazla tecrübeye sahibiz.

Will'in davranışını olduğu gibi görmek kolay olsa da, analiz felcini kendi yaşamlarımızda fark etmek her zaman o kadar kolay değildir. Kendi davranışlarımızı açıklıkla görme perspektifinden yoksunuz; kendi düşünce kalıplarımızın ne zaman sorunlu hale geldiğini fark edemeyecek kadar onlara yakınızdır, onlara kendimizi çok fazla kaptırmışızdır. Davranışlarımızı tamamen akla yatkın olarak görebilir ve bel bağladığımız -ve öyle ya da böyle işimize yaradığını varsaydığımız- karar verme biçimlerinin aslında fazla düşünmeyi inanılmaz şekilde kolaylaştırdığını fark etmede başarısız olabiliriz.

Fazla düşünme yöntemlerimizi değiştirmek için, fazla düşünme biçimlerimizi fark etmemiz gerekir. Kendi davranışlarımızı Will'in çocukluktaki hali için sahip olduğumuz nesnelliğin ölçüsüyle gözlemleyerek, ne yaptığımıza dikkat etmeliyiz.

Analiz Felcinin Belirtilerini Tespit Etmek

Analiz felci, aşırı düşünmenin en yaygın belirtilerinden biridir. Onun kıskacında olduğumuzda, sorun altta yatan kararın kendisi değil, ona yaklaşma şeklimizdir. Zihinsel alışkanlıklarımız, sorunu çözmemize yardımcı olmak yerine, bizi kararsızlığa daha çok kaptırır.

Analiz felci tehlikelidir çünkü kendi başına bırakılırsa asla kendi kendine çözülmez. Ondan düşünerek kurtulamıyoruz. Neler olduğunu fark edip müdahale etmedikçe, burada takılıp kalacağız.

Analiz felcinin yaygın belirtileri şunlardır:

- Kararları tekrar tekrar daha sonraya ertelemek
- Daha iyi bir seçeneğin ortaya çıkacağı ümidiyle bir kararı ertelemek
- Elimizde yeterince seçenek varken daha fazla seçenek aramak
- Daha önceden topladığımız aynı bilgileri sürekli olarak gözden geçirmek
- Yanlış karar vereceğimiz korkusu
- Karar verme fırsatını kaçıracak kadar uzun süre beklemek
- Bir karar verildikten sonra o kararı sorgulamak

Neden Fazla Düşünüyoruz: Analiz Felcinin Nedenleri

Analiz felci hepimizi eşit derecede etkilemez; bazılarımız bu özel tuzağa yakalanmaya diğerlerinden daha meyilliyiz. Bazen, mükemmeliyetçilik gibi daha az faydalı eğilimlerimiz, tahmin edilebilir bir şekilde bizi tuzağa düşürür. Bazen, zekâ ve merak gibi en iyi niteliklerimiz başımızı belaya soktuğunda, daha sinsi yolların tuzağına düşeriz.

Bir karara yaklaşırken, çeşitli nedenlerle içinden çıkamayabiliriz. Örneğin, seçenekleri keşfetmekten zevk alabilir veya ne yapacağımız konusunda kararsız hissedebiliriz ya da doğru cevabın dışarıda bir yerde bulunmayı beklediğine dair mükemmeliyetçi bir inanç tarafından yönlendirilebiliriz.

Entelektüel Merak

Bir kararla karşı karşıya kaldıklarında, entelektüel olarak meraklı insanlar, ellerindeki konu hakkında sürekli olarak daha fazla bilgi ararlar. Öğrenme uğruna daha fazlasını öğrenmeye isteklidirler ve yeni bilgi arayışını doğal olarak ilginç bulurlar. Bir çözüm ararken, son derece zeki insanlar, diğerlerinin görmediği olasılıklar manzarasının tamamını görebilir – bu da istemeden onları basit kararları gereksiz yere karmaşık hale getirmeye yönlendirebilir.

Bu olumlu özelliklerin istenmeyen bir sonucu vardır: İhtiyacımız olsun ya da olmasın, bizi ek seçenekler aramaya ittikleri için bizi analiz felcine yatkın hale getirirler. Bu ekstra seçenekler daha iyi kararlara yol açmaz; sadece bizi bunaltırlar. Ve bunaldığımızda, *hiçbir şeye* karar veremeyiz.

Zekâ ve merak kaçınılmaz olarak analiz felcine neden olmuyor çok şükür. Ancak bağlantının farkında değilsek, bu olumlu niteliklerin bizi yanlış yönlendirme olasılığı daha yüksektir.

Bilgi Bombardımanı

Bir karar verirken, daha fazla bilgi iyi bir şey olabilir. Sorun, bilgi toplama dürtüsü değil, onun peşinden gitme derecemizdir. Veri toplamak ve seçenekleri incelemek faydalıdır – ancak belirli bir noktada, bilgi arayışının yalnızca azalan getirileri olmakla kalmaz, aslında aynı zamanda yararsız hale gelir. (Bilgi, kötü olana kadar iyidir. Fazla düşünmenin ne kadar sinsi olduğunu görüyor musunuz?) Çok geçmeden, yeni bir veri noktası bulabilirsek, gerekli kaynağı belirleyebilirsek veya konu hakkında biraz daha fazla düşünebilirsek, cevabın netleşeceğine inanarak kendi düşüncelerimizin tuzağına düşeriz.

Bunun yerine, bu ekstra bilgi bizi sadece daha fazla bunaltır. Daha fazla veri noktası istediğimizde akıllıca davranmıyoruz; kendimizi sabote ediyoruz. Bir çözüme doğru ilerlemiyoruz; bunun yerine aslında durumumuzu daha da kötüleştiriyoruz.

Bir kez kurulduktan sonra, döngünün kırılması zordur. Sonunda bir karara vardığımızda -ya da varırsak- sonuçtan öncekine göre daha az emin oluruz. Zavallı kocamın Target'a gidip gitmemeyi düşünüp taşındığını hayal edin. Durumu fazla düşündüğü için neyi seçerse seçsin mutlu olmayacaktı. Aynı şey kendi kararlarımızla yüzleştiğimizde bizim için de geçerlidir. Fazla analiz etmemiz nedeniyle, nesnel olarak daha iyi bir sonuca varsak bile sonuçtan daha az memnun olacağız.

Sorunlarımızın sebebinin analiz felci olduğunun farkında değilsek, döngü devam eder. Memnuniyetsizliğimiz, bir dahaki sefere karar verdiğimizde bizi daha fazla analiz etmeye teşvik eder ve bu da daha büyük felce yol açar.

Mükemmeliyetçilik

Yıllar önce kocamla ilk evimizin banyosunu fayans kaplatmamız gerekiyordu. Bunu karşılayabileceğimiz bir fiyata yapacak bir müteahhit bulamadık, bu yüzden işi kendimiz yapmaya karar verdik.

Proje sırasında, malzeme almak için Home Depot'a koşturup durdum ve fayans reyonuna her girdiğimde, alışveriş yapanları "*Doğru şekilde yap ya da yeniden yap*" diyerek uyaran kirişlerden sarkan büyük bir tabela görüyordum. Onu her gördüğümde iki şey düşünüyordum: *Evet, kesinlikle! Ve umarım doğru şekilde yapıyorumdur çünkü bunu bir daha yapmak istemiyorum.*

O zamanlar, *doğrunun mükemmelle* aynı anlama geldiğini varsayarak önemli bir hata yaptım. Yüksek standartlara değer vermek bir şeydir, ancak yüksek standartlar ile mükemmellik arasında bir fark vardır. Umarım Home Depot bu aptal sloganı şimdiye kadar emekliye ayırmıştır, çünkü yıllardır aklımdan çıkmıyor, ne zaman aklıma gelse içimdeki mükemmeliyetçi kükreyişimi geri getiriyordu.

Birçokları gibi ben de mükemmeliyetçiliği iyi tanırım. Daha gençken, ne mükemmeliyetçiliğin düşünce hayatıma nasıl sızdığının ne de onun dalgalanma etkilerinin -kararsızlık, sinirlilik, analiz felci- farkına varabildim. Mükemmeliyetçiliği bir mücadele olarak adlandıramıyordum, bu da mükemmeliyetçiliğin devam eden çekişmemizde büyük bir avantajı olduğu anlamına geliyordu.

Mükemmeliyetçiliğin üzerimizde bir etkisi olduğunu fark etmediğimizde, davranışlarımız üzerinde rahatsız edici derecede bir hâkimiyet uygulayabilir. Mükemmeliyetçiliği olduğu gibi adlandırmak, onu gücünden mahrum eder.

Mükemmeliyetçilik kendini aşağıdakilerden herhangi biriyle gösterebilir:

- Düzenli erteleme
- İlerlemeden önce "doğru" cevabı bulma ihtiyacı
- Ya hep ya hiç düşüncesi
- Her zaman yapabileceğimiz daha çok şey olduğu için bir projeyi tamamlamakta zorlanma
- Kusurlara odaklanan eleştirel bir göz
- Bir konuşmanın ardından söylemiş olmayı dilediğimiz şeyi zihnimizde tekrar tekrar canlandırmak
- Sıklıkla geçmiş kararları sorgulama

Pek çok kişi, mükemmeliyetçilik ve fazla düşünmenin el ele gittiğini keşfettiğinde şok olur; o tanıdığımız bir kötü adamdır ancak beklemediğimiz bir roldedir. Ama bağlantıyı anladığımızda, mükemmeliyetçi eğilimlerin fazla düşünmeyi nasıl körüklediğini görebiliriz. Bir kararla karşı karşıya kaldığımızda, mükemmeliyetçiliğin talep ettiği imkânsız derecede yüksek standartlar tam da budur – imkânsızdırlar. İster eli kulağında bir kararı ölümüne analiz ediyor olalım, ister seçtiklerimizden pişmanlık duyarak geçmişte takılıp kalmış olalım, her zaman doğru kararı almak isteriz. Ama doğruyu mükemmelle eşitlersek bu ölümcül olur çünkü mükemmelliği hedeflediğimiz zaman donup kalırız. Mükemmeliyetçilik hüküm sürdüğünde, belirli bir durumda mutlak, tartışmasız en iyi seçeneğin ne olduğunu bilemezsek, endişelenmekten başka hiçbir şey yapmayız. *Merhaba, analiz felci.*

Bir karar vermeden önce fazla düşünmenin tehlikeleri açıktır: Yedi yaşındaki Will gibi ne kalabilir ne de gidebilir duruma geliriz. Ancak fazla düşünmek, kararlarımızdan önce gerçekleşmekle sınırlı değildir. Mükemmeliyetçiliğe dayalı fazla düşünme, genellikle "eğer"ler ve sorgulamalar alanında yaşar. Karar anı geçmiş olabilir, ancak yine de ne yapmış olmamız gerektiğini analiz ederek o karara takılıp kalabiliriz.

Kaçımız o anda ne söylemiş ya da yapmış olsaydık kuruntularıyla kendimize işkence ettik? Durumu iyi idare etmiş olsak bile, farklı şekilde yapmayı dilediğimiz bir şeye odaklanabiliriz. Karar çoktan verilmiş olsa da, onu arkamızda bırakamayız. Seçeneklerimizi tartıp, bir karar vermek ve ilerlemek yerine, doğru seçimi yapıp yapmadığımızı ve farklı bir seçim yapmak için çok mu geç olduğunu merak ederek karar verme sürecinin başlangıcına geri döneriz.

Tüm bu sorgulamalar muazzam miktarda zaman ve enerji gerektirir, stres yükümüze önemli ölçüde katkıda bulunur ve gelecekte akıllıca kararlar verme kapasitemizi sınırlar.

Analiz Felcinin Panzehirleri

Kuşkusuz, fazla düşünmeyi bırakmak kolay olsaydı, hepimiz uzun zaman önce bunu yapmayı bırakmış olurduk. Analiz felcinin üstesinden gelmemize yardımcı olacak eyleme geçirilebilir stratejilere ihtiyacımız var.

Gerçeklerle Yüzleşin

Sorularımızın ideal cevapları orada bir yerlerdeymiş gibi davrandığımızda başımız derde girer. Sonunda doğru cevabı bulduğumuzda, bunun bize apaçık görüneceğine inanabiliriz. Ancak doğru cevap nadiren oralarda bir yerlerdedir - ve bu yüzden bir çözüme varmadan, kurup dururuz, fazla düşünmemiz endişe, şüphe ve durağanlık olarak açığa çıkar.

Arayış ne kadar ilginç olursa olsun, mükemmel çözümleri aramaya devam edemeyiz, çünkü mükemmel çözüm diye bir şey yoktur. Nadiren tek bir doğru cevap vardır; gerçekte, çoğu kez birçok iyi cevap vardır.

Harekete Geçin

Kendinizi analiz felcinden kurtarmak için daha fazla bilgiye ihtiyacınız yok. *Harekete geçmeniz* gerek.

Mutlaka büyük ve göze çarpan bir şey kastetmiyorum - her ne kadar bu kesinlikle zaman zaman gerekse de. Küçük bir adım atmak bile ivmenizi değiştirebilir ve sizi çıkmaza çıkarabilir. Seçenekleriniz çoktur ve bu kitapta bunlardan daha fazlasını ele alacağız: Küçük bir adım atın, işin bitiş tarihini belirleyin, bir liste yapın veya bir arkadaşınıza danışın (nesnellikleri kurup durmaktan kurtulmanıza yardımcı olacaktır). Belki de sadece bir şey seçmeniz veya bunu başka birinin sizin için yapmasını sağlamanız gerekir.

"Evet..." diyorsunuz. "Ama felç olmuşsam nasıl harekete geçeyim?" Bu iyi bir soru. Düşünüş tarzınızı değiştirmeniz gerekebilir.

Mükemmeliyetçiliği Kapı Dışarı Edin

Oturma odamı boyarken babam mükemmeliyetçiliğin iyi işler yapmamız için bize ilham vermek yerine bizi nasıl mutsuz ettiğini ve önümüze çıkan güzel şeyleri takdir etmemizi nasıl engellediğini görmeme yardım etti. Duvarın beyaz tavanla buluştuğu yere dümdüz yeşil bir çizgi çizmeye çalışıyordum. Çizgim biraz titrekti ve boya işinin umduğum gibi gitmediğini belirttim. Güldü ve kendi evini boyamadaki sorununun bu olduğunu söyledi – sonuçtan, boyamayı yapan sen olmasaydın olacağın kadar memnun değilsin. "Eğer bu zor işi başka biri yapsaydı, harika göründüğünü düşünürdün" dedi. "Ama boyacı sen olduğunda, çuvalladığın her yerin kesinlikle farkındasındır. İyi bir iş çıkarabilir ve yine de her şeyi berbat etmiş gibi hissedebilirsin."

Haklıydı. İyi bir iş çıkarmıştım. Ama iyi sonucumu kafamdaki mükemmel sonuçla karşılaştırmakta ısrar ettiğim sürece, kendimi mutsuz edecektim. Mükemmeliyetçilik bizi eleştirel, gergin ve genellikle etrafında olmanın eğlenceli olmadığı biri yapar. Ayrıca, kötü bir ruh hali içinde olduğumuzda fazla düşünmemiz daha olasıdır. Kendimize bu kadar yüklenmeye gerek yok çünkü iyi olması için mükemmel olmasına gerek yok.

Başarısız Olmak İçin Kendinize İzin Verin

Mükemmeliyetçiliğin üzerinizdeki etkisini gevşetmek istemek bir şeydir, ama bunu gerçekten nasıl yaparsınız? Çözüm, kendinize başarısız olma izni vermektir -başarısızlık "mutlak mükemmellikten daha az olan herhangi bir şey" olarak tanımlanır- ve gerçekten başarısız olduğunuzda bunun için şükran duymaktır.

İster beğenin ister beğenmeyin, başarısızlık inanılmaz derecede öğretici olabilir. İronik olarak, bazen hata yaptığımızda, asla yanlış yapmadığımız durumdan daha iyi sonuçlar alırız. Hatalar uygun değilse, öğrenmenin en hızlı ve en etkili yollarından birini kaçırırız. Ancak *başarısızlık*, özellikle benim gibi iyileşmekte olan mükemmeliyetçilerin yanında sarf edilmek için korkutucu bir kelime olabilir. Ondan bir şeyler öğrenmek için onun yanında rahat olmamız gerekir ve terminolojide bir değişiklik yardımcı olabilir. "Hadi deneyelim" demeyi öğrendim çünkü bu ifade başarısızlık kelimesinin yaptığı gibi içimi sıkmıyor. Bir deney nötrdür, tarafsızdır. Doğru olanı yapmak için o felç edici baskının hiçbiri yoktur. Bir deney yaptığımda, başarı bir sonuç elde etmektir. *Herhangi* bir sonuç. Amaç kazanmak değil sonuç almaktır.

"Dene ve Ne Olacağını Gör" Yaklaşımını Benimseyin

Başarısızlığı kucaklamanın hanım evlatları için iyi hissettiren bir teknik olduğunu düşünmüyorsanız, "Dene ve ne olacağını gör" yaklaşımını benimsemek için ikna edici sebepler olduğunu bilin. Bu yaklaşım zayıf ya da tembelce değil, anlayışlıdır. Kocam, "asgari uygunlukta ürün" tabirinin sıklıkla kullanıldığı yazılım geliştirme alanında çalışıyordu. Yazılım geliştiriciler, ürün geliştirmeye tekrarlamalı bir yaklaşım benimser – asla ilk denemede mükemmel bir ürün sunmaya çalışmazlar. Bunun yerine, kusurlu bir ürün inşa ederler ve bunu bir an önce yapmak isterler. Üzerinde çalışacak bir şeyleri olduğunda, neyin işe yarayıp neyin yaramadığını hızlıca görebilir, onu kullanıcılara test etmeleri için verebilir ve temel sorunları ve olası çözümleri soyut olarak değil, gerçek, somut bir şekilde belirleyebilirler. Kusurlu bir ürün oluşturmak, geliştiricilerin mükemmel bir sürümün peşinden koşmanın buna değip değmeyeceğini belirlemesine yardımcı olur. Her şey mükemmel yapmaya değmez.

Bir deneyde "Doğru şekilde yap ya da yeniden yap" diye bir şey yoktur. Bunun yerine, yaptığımız şey "Yap ve ne olduğunu gör" olur. Ya da ilk seferde öğrendiklerinizi de kullanarak, "Yap ve sonra yeniden yap" dersiniz. Bu tekrarlamalı yaklaşım, bizi her zaman doğru olanı yapma ihtiyacından kurtarır. Harekete geçmeden önce emin olmayı beklemek yerine, bir şeyler deneyerek ve sonra ne olacağını görerek iyi ve hızlı bilgi alabiliriz. Doğru karar için acı çekmek yoktur ve nadiren pişmanlık vardır. Çünkü ihtiyacınız olan tek şey bir cevaptır, zafer değil.

İlerlerken, sizi bu kitaptaki stratejileri -acı çekmeden ve pişmanlık duymadan- denemeye davet edeceğim. Hangilerinin size en umut verici göründüğünü belirleyin, bir deneyin ve sonra ne olacağını görün.

Hepsini Bir Araya Getirirsek

Analiz felcini tanımanın ve üstesinden gelmenin sıradan, düşük riskli bir örneğiyle size bu sürecin gerçek hayatta nasıl çalıştığını göstereyim. Bunu yazarken, önemsiz bir karara çok fazla mürekkep harcadığımı hissediyorum. Ancak, fazla düşünmek düşünce süreçlerimizi ele geçirdiğinde tam olarak olan şey bu olduğundan, deneyeceğim.

On yıldan uzun bir süredir, altı kişilik ailemle her yaz bir haftayı Gulf Coast sahilinde geçirdik. Yaz tatili haftamızı seviyoruz ama oraya gidiş yolunu hiç sevmedik. Araba yolculuğu yaklaşık on bir saat sürüyor ve bu, bir minibüste tıkılıp kalmak için uzun bir zaman. Yolculuğu, en iyisinin kararlı şekilde üstüne gidip halletmek olduğunu düşünerek her zaman upuzun bir günde yapıp bitirirdik.

Ama Will ve ben uzun zamandır yolculuğu iki kısma ayırırsak daha az perişan olup olmayacağımızı merak ediyorduk. Açıklayamadığım nedenlerle, çocuklarım otel havuzlarına ve tipik Holiday Inn Express'inizde sunulan sınırsız kahvaltıya bayılıyorlar. Arabayla yarı yolun yarısına kadar gidip geceyi bir otelde geçirsek ve sabah yolun geri kalanını gitsek ne olurdu?

Bunu yapmak için yıllarca tartıştık – kelimenin tam anlamıyla yıllarca, belki altı ya da yedi yıl. Her yaz yola çıkış tarihimiz yaklaşırken, soruyu bir kez daha gözden geçirir, tüm seçenekleri değerlendirir, karar vermeye direnir ve sonunda fırsat elimizden kaçana kadar karar vermek için beklerdik. Yeni bir yol denemenin doğru şey olduğundan emin değildik, bu yüzden harekete geçmedik.

Ancak birkaç yıl önce tekrarlamalı yaklaşımın gücünü keşfettim ve deneysel düşünce yapım üzerinde çalışmaya başladım. O yıl karar verme zamanı geldiğinde bitmek tükenmek bilmeyen bir tartışmaya girmedik, bir kez daha artılar eksiler listesi yapmadık çünkü zaten konuyu bolca düşünmüştük. Ne yaptığımın farkında olmadan yıllardır bu konuyu fazla düşünüyordum. Bu sefer bunun fazla düşünme olduğunu anladım. Ve ne yapacağımı biliyordum.

Önce gerçeklerle yüzleştim. Sürüş ikilemimize mükemmel bir çözüm yoktu. Her iki seçenek de bizi sahile götürüyordu.

Sonra harekete geçtim. Uzun yolculukları her zaman birkaç güne bölen bir arkadaşımla deneyimi hakkında konuştum ve sonra ihtiyacımız olan gece için otellerin müsait olduğundan emin oldum.

Daha sonra, kendime açıkça başarısız olma izni verdim. Harekete geçmek istememiştim çünkü yeni yolu beğenmeyeceğimizden korkmuştum ve yanlış yapmaktan korktuğunuz zaman harekete geçmek zordur. Beni engelleyen şeyin gerekçesiz bir korku olduğunu algıladığımda, kendimi ilerlemek konusunda özgür hissettim.

Ve son olarak, bunu uzun zamandır düşündüğümüzden, denemeye ve ne olduğunu görmeye karar verdik. Bunu bir deney olarak kabul edecektik. Yeni yolu tercih edersek, harika. Ama deneyip beğenmediysek, en azından başka bir yolun daha iyi olup olmayacağını merak etmekten vazgeçerdik. Bu küçük deneyi başarılı saymak için yeni yolu eskisine tercih etmek zorunda değildik.

Sonunda, hepimiz otel molası ile sahile iki günlük yolculuğumuzu tercih ettik. Ama işler iyi gitmemiş olsaydı -bunu bir daha asla yapmak istemediğimize yemin etseydik– bu bir hata olmazdı çünkü amaç mümkün olan en iyi deneyimi yaşamak değil, bir sonuca ulaşmaktı. Gelecek yıllarda kararımızı sorgulamaya gerek yok.

Hayatınızda Neler Oluyor?

Fazla düşünme davranışımızı fark etmediğimizde, üstesinden gelmek imkânsızdır. Ve fazla düşünmeyi teşvik eden karar verme tarzlarına bel bağladığımız sürece, fazla düşünmeye çok zaman harcayacağız. Ancak gerçekte neler olduğunu gördüğümüzde değişmeye başlayabiliriz. Bu ilk başta bir savaşmış gibi hissettirecek -özellikle de hayatımız boyunca bir şeyleri ölümüne analiz etmişsek– ama zamanla bu bir alışkanlık haline gelecek.

Sonraki Adımlar

Farklı bir gözle, kendi davranışınıza bir göz atın.

1. Şu anda nerede analiz felci yaşıyorsunuz?

....

....

....

2. Nerede mükemmeliyetçiliği yaşıyorsunuz?

....

....

....

3. Sizi çıkmaza sokan faktörler nelerdir?

....

....

....

4. İlerlemek için hangi mini deneyleri uygulayabilirsiniz?

....

....

....

4

Neyin Önemli Olduğuna Karar Verin

"Lütfen söyler misiniz, buradan hangi yöne gitmem gerekiyor?"
"Bu, nereye varmak istediğine bağlı" dedi Kedi.

Lewis Carroll

Uçmaktan nefret ederim. Büyük ya da küçük, uçak gerektiren bir seyahate çıkma fırsatı sunulduğunda, genellikle gidip gitmemek konusunda düşünüp taşınarak kendime işkence ederim. Bu benim ya da en azından bir parçamın gerçekten yapmak istediği bir şey olsa bile, hemen hemen asla hemen evet demem. Uçak yolculuğunun mutlak rahatsızlığı, her zaman evetimi alıkoymama neden oluyor.

Bu yüzden arkadaşım Ally'nin kendi gezisi beni şaşırttı. Ally'yi en son gördüğümde, Tayland'a yaptığı hızlı bir geziden yeni döndüğü için şiddetli bir uçuş sersemliği yaşıyordu. Otuz saat seyahat etmiş ve yerde sadece dört gün geçirmek için kelimenin tam anlamıyla dünyanın yarısını uçmuştu. İnsanları bu on üç saatlik uçuşlara binmeye neyin zorladığını hep merak etmişimdir. Bunu kendim yapabileceğimden emin değilim, bu yüzden diğer tarafta onları her ne bekliyorsa buna *gerçekten* değiyor olmalı.

O sırada Will ve ben kendi başımıza uzun bir yolculuğa çıkıp çıkmamayı tartışıyorduk. Bizim için uzun, yani. Aralık ayında İskoçya'ya bir gezi yapmayı düşünüyorduk ve en uzun uçuşumuz "sadece" dokuz saat olsa da, bu benim standartlarıma göre hâlâ çok uzundu. Ally'yi gördüğümde, biz bir süredir konuşup duruyorduk. Gitmek istiyordum ama o uçağa binmek istemiyordum ve bu beni evet demekten alıkoyuyordu. Fazla kafa yorduğumu biliyordum çünkü sorunu çözmek yerine uçuşun tatsızlığını ve zamanlamanın uygunsuzluğunu kafama takıyordum. Uçuş buna cevabımı otomatik olarak hayır yapmıyordu, ama o uçağa binmek için ikna edici bir nedene ihtiyacım vardı. Karara nasıl yaklaşacağımı bilmiyordum. Bu yolculuğun çıkmaya değer olup olmadığını nasıl bilebilirdim?

Ama şimdi Ally Tayland'a gitmişti. Zaten iş için düzenli olarak seyahat ediyordu ve gerektiğinden fazla şehirden ayrılmaya hevesli değildi. Ve dünyanın öbür ucundaki zorlu bir yolculuğa yine de evet demişti. Neden?

Yaklaşan seyahat kararlarım aklımı meşgul ederken, Ally'ye uçmaktan ne kadar nefret ettiğimi ve kendi seyahatinin ne çok şey gerektirdiğinden etkilendiğimi söyledim. Cevabın kesin bir evet olmasını bekleyerek, "Karar vermek zor oldu mu?" diye sordum.

"Hiç de değil" dedi. "Yolculuğu öğrendiğimde, düşünmek zorunda kalmadım. Detayları duymak için bile beklemedim. Sadece, 'Evet! Hadi gidelim' dedim."

Bu nasıl mümkün olmuştu? Buna inanamıyordum, ancak Ally'nin böyle bir kararı kolayca vermeyeceğini biliyordum. Doğası gereği dürtüsel değildir, bu yüzden uluslararası seyahatle ilgili benim devam eden müzakerelerimden çok da farklı olmadığından emin olduğum kararlılığı karşısında şaşırıp kalmıştım. Bunu nasıl yaptı Tanrı aşkına?

Değerlerimiz Kararlarımızı Yönlendirebilir

Ally seçimin kolay olduğunu çünkü *düşünmek zorunda olmadığını* söyledi. Uzun zaman önce, süregelen hem büyük hem de küçük kararlarını etkilemeye devam eden tek bir karar vermişti ve Tayland gezisi de bunlardan biriydi.

Ally, bugünkü kararlarının temel değerlerinden doğallıkla çıktığını açıkladı – karar verdiği değerler gelecekteki karar alma süreçlerine rehberlik edecekti. Bana birkaç yıl boyunca kötü muamele gördüğü bir evliliği olduğunu söyledi, ancak güçlü dostlukların ve destek ağlarının yardımıyla çıkış yolunu bulabilmişti. Geçmişi nedeniyle bugün Ally, kendisine verilenleri geri vermenin bir yolu olarak istismara uğrayan kadınlar için harekete geçiyor. Sömürülen, ihmal edilen veya herhangi bir şekilde istismara uğrayan kadınlara hizmet etme fırsatı bulduğunda, çek defterini açarak, bağış toplama etkinliğine katılarak, hiç tanımadığı biriyle sohbet etmek için onunla buluşarak, hatta dünyanın öbür yarısına bir seyahate evet diyerek karşılık veriyor. Sömürülen, istismar edilen veya maniple edilen kadınları desteklemeye, donatmaya ve güçlendirmeye davet edildiğinde, Ally evet diyor – iş ve seyahat programlarını yeniden düzenlemesi gerekse veya maliyeti çok yüksek olsa bile.

Bu hikâyenin tamamına ait manevi değer Ally'nin içinde sağlam bir şekilde yerleşmiş olduğu ve karar verirken bilinçli olarak buna güvendiği için zamanını, parasını ve enerjisini nasıl harcayacağı konusunda ıstırap çekmiyor. Sömürülen, ihmal edilen veya istismara uğrayan kadınlarla ilgili bir seçim ortaya çıktığında, ne yapacağını düşünmesi gerekmez. Aynı şekilde, biz yaşamlarımız için daha geniş bir vizyona sahip olduğumuzda, karşımıza çıkan kararların çoğu basitleşir, çünkü o kararları vermek için güvenilir bir çerçevemiz vardır. Tek bir karar verdiğimiz için, yani hikâyenin bütününe dair manevi değere karar verdiğimiz için, diğer tüm kararları birbirinden bağımsız sonsuz kararlar dizisi yerine bir bütünün parçaları olarak görebiliriz. Bir karar değerlerimize dokunduğunda, düşünecek çok az şeyimiz olur. İçdünyamız düzene girdiğinde, dışa doğru, doğru yönde ilerleyebiliriz. Bu değerler hayatımızı büyük şeylerde ve günlük şeylerde yönlendirebilir. İster Tayland'a ister markete gidelim, *ne yaptığımız kim olduğumuzdan* doğallıkla çıkar.

Değerlerimiz Karar Verişimizi Nasıl Etkiler?

Hepimiz her gün sayısız kararla karşı karşıyayız. Bazıları önemlidir, okyanuslar arası uçmak gibi. Bazıları, akşam yemekte ne olduğunu seçmek gibi gündeliktir. Bazıları kaçınılmazdır, bazılarını hayatımıza davet ederiz. Ancak tüm bu kararlar dikkatimizi vermemizi gerektirir. Bizim için neyin önemli olduğunu belirleyip, bu değer odaklı karar verme yaklaşımından yararlanarak onları düzene sokabiliriz. Değerlerimiz, büyük ve küçük, kısa ve uzun vadeli kararlara rehberlik edebilir.

Değerlerimiz Hedeflerimizi Netleştirebilir

Karar verme süreçlerine hayran olduğum, gereğinden fazla düşünmediklerini bildiğim insanları sorgulamaya başladığımda, aynı kelimeyi bu kadar sık kullanmaları tuhaftı: değerler veya değerler odaklı. Kim olduklarına ve neye önem verdiklerinc göre kararlar vermeye çalıştıklarını söyleyerek Ally'nin dediklerini tekrarladılar. Bu değerleri adlandırmak, hedeflerini netleştirir ve onları günlük kararların gereksiz detaylarından uzak tutar.

İşte gereksiz detaylardan nasıl uzak durulabileceğine dair bir örnek. Bu yılın başlarında, Will ve ben, çocuklarımızdan biri için iki iyi eğitim seçeneği arasında seçim yapmak zorunda kaldığımız için şanslı bir durumdaydık ve karar vermek için çırpınıyorduk. Hangisinin bizim için en uygunu olduğunu nasıl bilebilirdik? Emekli bir öğretmen olan arkadaşıma düşüncelerini sordum.

"Sana ne yapman gerektiğini söyleyemem" dedi. "Ama ben nasıl karar verirdim biliyorum." Seçenekler hakkında düşünürken, her zaman evine daha yakın olanı tercih ediyor, çünkü hayatının mümkün olduğu kadar mahallesinde kök salmasını istiyor. Komşularını gerçekten tanımak istiyor ve hayatını arabada geçirmek istemiyor. Bu nedenle, birden fazla seçenek arasında karar verirken, ikna edici bir neden olmadıkça evine en yakın seçeneği seçiyor. Bu, hangi okula gidileceğini seçmek gibi büyük kararlar için ve nereden market alışverişi yapacağı, nerede saçını kestireceği veya bir kitap kulübü bulacağı gibi daha küçük kararlar için geçerlidir. Hayatını gerçek bir fiziki toplumda yaşamak istiyor ve bir yere tek araba giderken komşularıyla ya da markette diğer kitap kulübü üyeleriyle karşılaşma fırsatını memnuniyetle karşılıyor.

Arkadaşım onun için önemli olan toplum değerini tarif ederken, Will ve benim de aynı şeye değer verdiğimizi fark ederek başımı salladım. Aslında, birkaç yıl önce şu anki evimize taşınmıştık çünkü yeni konum değerlerimizle daha açık bir şekilde örtüşüyordu: Daha yürünebilir, zamanımızı geçirdiğimiz yerlere daha yakın ve hem ırksal hem de sosyoekonomik olarak daha çeşitlilik gösteren bir mahalle arıyorduk.

Arkadaşım, ailesinin eğitim tercihlerini anlatırken, ortak değerimizin, kendi ailemin eğitim kararlarına da rehberlik edebileceğini fark ettim ve ıstıraplı seçimimiz birdenbire çok daha kolay hale geldi. Ve bu yıl oğlum, evimizden sadece birkaç blok ötede yeni bir okula transfer oldu. Şimdi okula yürüyoruz ve okuldaki aileleri mahallede görüyoruz ve onlara kütüphanede rastlıyoruz. Bu seçim, bir aile olarak kim olduğumuza dair bize doğru geldi çünkü bu bizim nelere önem verdiğimizi yansıtıyor.

Değerlerimiz Zamanımızı ve Paramızı Nasıl Harcadığımızı Etkileyebilir

Değer odaklı bir karar verme sürecinden yararlandığımızda, kaynaklarımızı proaktif olarak bizim için en önemli olan şeylere ayırabiliriz. Kendi ailemde Will ve ben orada olmaya değer veririz. Bu her zaman böyle değildi. Bu, önce keşfetmemiz ve daha sonra karar verirken bilinçli olarak yaslanmaya başlamamız gereken bir değerdir.

Yıllar önce uzun zamandır görmediğimiz üniversite arkadaşlarımız tarafından evlerine davet edildiğimizde bu değeri tereddütle tecrübe etmeye başladık. İnsanlara zamanımızı, paramızı ve enerjimizi harcamanın akıllıca olduğuna inandığımızı ve şahsen orada olmanın yerini hiçbir şeyin tutamayacağına inandığımızı söyledik. Ve bu değeri tutarlı bir şekilde deneyimlemek için, gitmemiz gerektiğini biliyorduk – seyahatin zamanlaması kötü olmasına ve çocuklarımızın birden fazlasının hâlâ bebek bezlerine, öğle uykularına ve erken yatma saatlerine ihtiyacı olmasına rağmen. Bir arkadaşım bir keresinde şöyle demişti: "Umursuyorsan, orada olacaksın. Eğer umursamıyorsan, olmayacaksın." Bu küçük kafiye, çiğnenemez bir kural değil, pratik bir kuraldır ve aradan geçen yıllarda zor seçimler yapmak zorunda kaldığımızda aklımıza gelir.

"Orada olmayı" bizim için önemli bir değer olarak adlandırmak bu seçimleri çok daha kolay hale getirdi ve bu şekilde kararlar almaya alıştık. Yolculuğun "buna değer" olup olmadığını hiç durmadan tartışmadan düğünlerde bulunmak için seyahate çıkıyoruz. Yakın zamanda zamanlaması kötü bir aile toplantısı için pahalı uçak biletleri aldık çünkü orada olmak gibisi yok. Arkadaşlarımız, yüzlerce kilometre uzakta büyük bir aile kutlaması için bizi onlara katılmaya davet ettiğinde, karar vermek sadece birkaç dakika sürdü. Seyahatin olmasını sağlayabilirdik, öyle de yaptık. Bazen eski arkadaşlarla uzak yerlerde buluşuyoruz, düğün ya da mezuniyet için değil, sırf herkes bir araya geldiği için. Bu değer benim işim için de geçerli. Hem şehirdeki hem de ülke çapındaki yazar arkadaşlarım ve meslektaşlarımla ziyaretlere öncelik veriyorum, çünkü insanları şahsen görmek için çaba sarf ettiğim için asla pişman olmadım.

Hayatın sadece büyük anlarında değil, orada olmanın önemini tecrübe ettikten sonra, küçük anlarda da orada olmaya çalışıyoruz. Sevdiğimiz insanlar kutlama yaptığında, bizzat orada olmaya, onlarla birlikte kutlamaya çalışıyoruz. Sevdiğimiz insanlar acı çekerken, hiçbir şeyi "düzeltemesek" bile onların yanında olmaya çalışıyoruz. *Eğer umursuyorsan, orada olacaksın.*

Bu değeri mükemmel bir şekilde yaşamıyoruz çünkü ne kadar umursasak da her zaman orada olamayız. Bu bazen, iki arkadaşın aynı hafta sonu farklı şehirlerde evlenmesi gibi, aşırı derecede pahalı veya lojistik açıdan imkânsız olabilir. Ancak elimizden gelenin en iyisini yaparız ve çoğu zaman bizim için önemli olan insanları görebilmek için programlarımızı yeniden düzenleriz.

Değerlerimiz Dikkatimizi ve Enerjimizi Neye Odakladığımızı Şekillendirebilir

Değerlerimiz, aklımızda tutmayı seçtiğimiz şeyleri de etkileyebilir – ne düşündüğümüzü, hangi kitapları okumayı tercih ettiğimizi, ne tür haberlere dikkat ettiğimizi, hangi konulara önem verdiğimizi. Örneğin, ulusal ve yerel düzeyde bilinçli bir vatandaş olmaya değer veriyorsanız, bunun kanıtlarını hayatınızda görmeliyiz. Yerel olaylardan haberdar olmak için toplumunuzun haber bültenlerini okuyabilir, komşularınızla yerel olaylar hakkında sohbet edebilir veya güvendiğiniz bir gazeteye abone olabilir ve düzenli olarak onu okuyabilirsiniz. Bütün bunlar, bu değerle yaşamanın yollarıdır.

Değerlerimi ön planda tuttuğumda onları sonuna kadar yaşamanın daha kolay olduğunu gördüm ve bunu yapmanın en sevdiğim yollarından biri de kurgusal olmayan kitapları okumaktır. Odağımı istediğim yerde tutmak için benim için önemli olan şeyleri okurum. Bu işe yarıyor çünkü değerlerim konusunda ne kadar net olursam, yaptığım şeyin kim olduğum tarafından doğallıkla ortaya çıkması o kadar kolay oluyor. Hazır bulunan, şefkatli bir ebeveyn olmaya değer veriyorum ve Brené Brown'un *Daring Greatly* (Fazlasıyla Cüretkâr) kitabı gibi ilişkiler hakkında iyi bir kitap okuduğumda, kendi dinamiklerime uyum sağlıyorum. Mesleğim üzerinde çok çalışmaya değer veriyorum ve John McPhee'nin *Draft No. 4*'u (4 Numaralı Taslak) gibi iyi bir yazma kitabı okuduğumda, canım istemediğinde bile kıçımı sandalyeme koyup yazmak için ilham alıyorum. Vücuduma iyi bakmaya değer veriyorum ve beslenme ve egzersiz hakkında bir şeyler okurken, iyi yemek yemek ve hareket etmek için ilham alıyorum.

Değerlerimizi Doğrulamak

Hayatlarımız kim olduğumuzu ve neye önem verdiğimizi yansıtmalıdır. Neye değer verdiğimizi bildiğimizi düşünebiliriz, ancak bu değerlerin aslında kararlarımızı etkilemediğini görebiliriz. Bu tutarsızlık, kararlarımızın doğal olarak verilmesini imkânsız hale getirir. Aileye değer verdiğimizi söyleyebiliriz ama asla akşam yemeği için evde değilizdir. Hayır işlerine önem verdiğimizi söyleyebiliriz, ancak buna zamanımızın, paramızın veya dikkatimizin hiçbirini vermeyiz. Okumanın önemli olduğuna inandığını söyleyen ve bunu yapmalarına engel bir şey olmayan ama gerçekten okumayan pek çok insanla konuşuyorum. Bir şeyi *söyleyebiliriz*, ama gerçekten başka bir şeyi yapıyorsak, değer verdiğimizi söylediğimiz şeye gerçekten değer vermiyoruzdur.

Değerlerimizin gerçek hayatlarımızla uyumlu olmasını sağlamak için, "Davranışlarım neye değer verdiğimi gösterir?" diye sorarak kendimizi "doğrulamamız" gerekir. Emin değilseniz, davranışınızı taze bir bakış açısıyla görmenize yardımcı olması için bir arkadaşınıza görev verin. Gördüğünüzden hoşlanmıyorsanız, biraz ince ayar yapmanın zamanı geldi.

Tipik bir örnek. Amcam düzenli olarak sigara içerdi. Bu alışkanlığı dışında kendini sağlıklı bir insan olarak görüyordu. Yıllarca bırakmayı düşündü. O bir doktordu ve hastaları sigara içmesi konusunda ona sürekli kök söktürürlerdi. Elbette bırakması gerektiğini biliyordu ama hiçbir zaman harekete geçmedi. "Belki bir gün" dedi kendi kendine.

Sonra "bir gün" oldukça sıradan bir şekilde geldi. Geç kalıyordu, kendi katına asansörle çıktı, koridordan ofisine koştu ve hemşiresini selamladı.

"Günaydın" dedi hemşire. "Geldiğinizi duyunca çok rahatladım."

Amcam şaşkınlıkla, "Gelenin ben olduğumu nereden anladın?" diye sordu.

Şimdi şaşkın olan hemşireydi; cevabın bariz olduğunu düşünmüştü. "Asansörden inenin siz olduğunuzu her zaman biliyoruz" diye açıkladı. "Öksürüğünüzü koridorun sonundan duyabiliyoruz."

Amcam her zaman sağlıklı bir insan olduğunu düşünmüştü ve kendi personelinin onu sağlıksız olarak algıladığını fark edince şaşkına döndü. Bu farkındalık anında netlik getirdi ve o resimlerden birinin değişmesi gerektiğini biliyordu. Yıllarca düşündükten sonra birden bıraktı. Sigarayı bırakmanın zor olduğunu duymuştum ama amcamın yolculuğunu çok daha kolay hale getiren önemli bir şey vardı: Sağlıklı bir yaşam tarzında yaşayan bir insan olmak istiyordu. Gözleri bir kez açıldığında sigara içen olarak kalamazdı çünkü sigara içmek bu değerle çelişiyordu.

Amcamın (yanlışlıkla) yaptığı gibi, doğru çizgide olup olmadığınızı görmek için amaçlı olarak davranışınızı gerçek hayatınıza göre kontrol edebilirsiniz. Hayatım ve değerlerimin uyumlu olup olmadığını merak ettiğimde, takvimime bir göz atmanın faydalı olduğunu keşfettim, çünkü gerçekten planlayacak kadar değer verdiğim şeyleri yansıtıyor.

Will bunu bir adım daha ileri götürdü. Topluluktaki sanat etkinliklerini desteklemek istediğine karar verdi ve ailemizin Google takvimine özel bir sanat takvimi ekledi. İmza günleri, konserler ve kütüphane etkinlikleri gibi şeyler takvimimizde mor renkle kodlanmıştır, böylece gerçekten sanat için orada olup olmadığımızı bir bakışta görebiliriz. Şimdi, kitapçıda ücretsiz bir yazar söyleşisine mi yoksa parkta bir konsere mi katılmak istediğimizi düşünürken, bunu salı gecesini nasıl geçireceğimiz konusunda tek seferlik bir seçim olarak görmüyoruz. Bunun yerine, kararlarımızı değerlerimiz ışığında veriyoruz.

Daha geçen hafta, sanat takvimimiz, ailem için çok şey ifade eden yerel bir kütüphane şubesinin –*I'd Rather Be Reading*'de (Okumayı Tercih Ederim) yazdığım "Yakındaki kütüphane"– yeniden açılışına katılmayı uzun zamandır planladığımızı gösterdi. Kurdele kesme töreni, yoğun bir işgününün, hem kişisel hem de profesyonel anlamda yoğun geçen bir sezonun ortasına denk geldi. Will ve ben gerçekten gitmek için zaman ayırmak istemedik. O sabah altmış saniye boyunca, bazı işleri halletmek için açılışı pas geçmeyi müzakere ettik. Biri gerçekten yokluğumuzu fark eder mi? Ancak toplumumuzdaki sanatı ve özellikle de kütüphaneleri desteklemeye değer veriyoruz. Özellikle bu şube ve orada çalışan insanlar bizim için çok şey ifade ediyor ve önemsediğimiz insanlara ve amaçlara hizmet etmeye değer veriyoruz. O zamanlar, şehrimizdeki kütüphane sistemi başka bir bütçe kesintisiyle karşı karşıyaydı ve bu etkinlikteki varlığımız -fiziksel destek gösterişimiz- önemliydi. Değerlerimizi ve eylemlerimizi aynı hizada tutmak için gitmemiz gerektiği açıktı.

Sizin İçin Önemli Olan Nedir?

Neye değer veriyorsunuz? Nasıl bir insan olmak istiyorsunuz? Hangi asli değerler sizin için en önemlileri? Birkaç tanesini anında ortaya dökebilirsiniz ve bu harika. Umarım bu bölüm, şu anda bu değerleri nasıl yaşadığınızı ve değerlerinizi ve kararlarınızı nasıl daha iyi hizaya getirebileceğinizi belirlemeniz için size bazı fikirler verir.

Asli değerlerinizin net olmamasından dolayı hüsrana uğradıysanız, cesaretinizi toplayın. Hikâyenizin bütünü tamamen tutarlı değilse sorun değil. Kendi yolunuzu ona yönelerek yaşayabilirsiniz; bu da keşif sürecinin bir parçasıdır. Ally değerlerini dile getirdikten sonra hemen Tayland'a giden bir uçağa atlamadı; kendi topluluğunda aktif hale geldi. Aile toplantısı için ülkenin öbür ucuna uçmadan önce, bir arkadaşımla caddede kahve içmeye gittim. Kararlarımızı yönlendirmek için değerlerimize güvenmeye alışkın değilsek, başta tereddütlü hissedebiliriz ve bunda bir sorun yok. Uyguladıkça, alışkanlık haline gelecektir.

Değerlerinizi belirlemekte zorlanıyorsanız, iki yönlü bir yaklaşımın faydası olabilir. İlk olarak, söze dökülmemiş değerlerin karar verme sürecinizi etkileyip etkilemediğini gözden geçirebilirsiniz. Bunları tespit etmek için zamanınızı, paranızı, enerjinizi ve dikkatinizi nereye harcadığınıza dikkat edin, çünkü kaynaklarımızı bizim için önemli olan şeylere ayırma eğilimindeyiz. Bunu yaptığınızda değerleriniz ortaya çıkmaya başlıyor mu? Cevabınız evet ise –ve gördüğünüz hoşunuza gidiyorsa– bilinçli olarak daha kapsamlı bir şekilde bu değerler doğrultusunda yaşamaya başlayabilirsiniz.

İkincisi, ortaya çıkan değerleri beğenmiyorsanız, yeni değerler belirleyebilirsiniz. Yaygın olarak tanımlanan bazı temel değerler, özgünlük, dürüstlük, nezaket, güvenilirlik ve sadakattir. Arkadaşlardan daha az yaygın olduğunu düşündükleri temel değerleri belirlemelerini istediğimde, yaşam boyu öğrenme, arkadaşlık, tuhaflık, mizah, macera ruhu, geceleri iyi uyumak, yeni şeyler denemeye bağlılık ve sağlıklı bir yaşam tarzı gibi şeyleri adlandırdılar. Değerlerinizin herkes için doğru olması gerekmez, ancak sizin için doğru olmaları gerekir.

Yeni değerleri seçerken ve keşfederken, kim olduğunuzu ve nasıl bir insan olmak istediğinizi düşünmek netlik kazandırabilir. Zamanınızı nasıl geçirmek istersiniz? Hangi davalarla ilgileniyorsunuz? Kendinizi ne zaman mutlu, gururlu veya tatmin olmuş hissettiniz? O zaman neler oluyordu ve bu deneyimler neden bu kadar anlamlıydı? Cevap ilk başta net olmayabilir, ancak ilerlemek için tek ihtiyacınız olan bir önsezidir. Unutmayın, kendi yolunuza doğru ilerleyecek şekilde yaşayacaksınız. Yolun nereye gideceğini tam olarak bilmiyor olsanız bile, yine de yolda ilerleyebilirsiniz. Hareket etmeye ve dikkat etmeye devam edin.

Özen göstererek ve pratik yaparak hepimiz karar vermek için tutarlı filtreler geliştirebiliriz. Kolay olmayabilir, ama basittir, çünkü bizimle başlar, kim olduğumuzla ve neyi önemsediğimizle.

Değeri Tanımlamak Karar Vermenize Yardımcı Olur

Bugünlerde bir karar verirken sıkışıp kaldığımı hissettiğimde kendime soruyorum: *Bu kararı destekleyebilecek bir değerim var mı?* Cevap evet olduğunda –ve genellikle öyledir– karar çok daha kolay hale gelir.

İskoçya müzakerelerimizde durum buydu. Aylardır bu yolculuğu çok fazla düşünüyordum ama Ally bilmeden, değerlerimin merceğinden bakmamı istediğinde, sonunda o uçağa binmek için ikna edici bir neden görebildim. Aslında birkaç neden. Will ve ben birlikte yeni şeyler deneyimlemeye değer veriyoruz. Önem verdiğimiz insanlar için orada olmaya değer veriyoruz ve (gidersek) İskoçya'daki arkadaşlarımızla vakit geçiririz. Yeni edebi deneyimlere değer veriyoruz ve İskoçya'nın ulusal kitap kasabasında destansı bir deneyime katılmaya davet edildik. Borca girmemeye değer veriyoruz ve seyahatin açık ara en pahalı kısmı olan uluslararası uçak bileti ücretini karşılayacak kadar puanımız ve geri kalanını karşılamak için seyahate ayrılmış tasarruflarımız vardı.

Buraya kadar iyi – ama bu uzun uçuşu daha makbul hale getirmedi. O zaman bir akıl hocasının bana söylediği şeyi hatırladım: Korkudan verilen kararlar iyi kararlar değildir. Haklı olduğunu biliyordum. Uçaktan korktuğum için evde kalırsam bu herkesi hayal kırıklığına uğratırdı ve kim olduğum ve kim olmak istediğimle bağdaşmazdı.

Fazla düşünmeyi bıraktık ve yolculuğa çıkmaya karar verdik. Nasıl yapmazdık ki? Değerlerimiz, ezici bir çoğunlukla, bu seçimin bizim için çok anlamlı olduğunu göstermişti.

Sonraki Adımlar

1. Neye değer veriyorsunuz?

....

....

....

2. Nasıl bir insan olmak istiyorsunuz?

....

....

....

3. Hangi temel değerler sizin için en önemlileridir?

....

....

....

4. Vaktinizi nasıl geçirmek istiyorsunuz?

....

....

....

5. Hangi davalara önem veriyorsunuz?

....

....

....

6. Ne zaman mutlu, gururlu veya tatmin olmuş hissettiniz? Bu deneyimler neden bu kadar anlamlıydı?

....

....

....

7. Şu anda zamanınızı, paranızı, enerjinizi ve dikkatinizi nelere harcıyorsunuz?

....

....

....

8. Kendiniz için belirlemek istediğiniz yeni değerler var mı? Eğer öyleyse, bunlar nelerdir?

....

....

....

5

Zaman Yaratmak İçin Zaman Ayırın

Sorumlu bir yetişkin olmak, öz bakımın en hafife alınan şeklidir. Evet, demek istediğim: İmkânlarınız dahilinde yaşamak, dişçi randevuları ayarlamak, para biriktirmek, öğünleri planlamak, yatmadan önce yüzünü yıkamak, yürüyüşe çıkmak, insanlar için yemek yapmak, evinizi temiz tutmak, uygun bir saatte yatmak, tüm bu sıkıcı şeylerin tamamı. Rutinler hayatınızdaki her şeyi daha iyi hale getirir ve bu kesinlikle en çok gözden kaçan ve en hafife alınan kişisel bakım şeklidir.

Sarah Bessey

Okul üç gün sonra başlayacaktı, bu yüzden nihayet okula dönmeden önce yapılması gereken şeylerden sonuncusunu tamamlamanın zamanı gelmişti. Yaygın bir hepatit salgını, eyaletimizin immünizasyon gerekliliklerinde bir değişikliği tetiklemişti ve daha önce isteğe bağlı bir aşılama artık zorunlu hale gelmişti. Pek çok okul çocuğu gibi benim çocuklarım da aşı olmuşlardı ama ilk gün okula gitmek istiyorlarsa bunu kanıtlamak için evraklara ihtiyaçları vardı.

Bunu son dakikaya bırakmamaya kararlıydım, bu yüzden gerekli belgeleri temmuz ayında düzenli olarak planlanmış kontrollerimiz sırasında çocuk doktorumuzdan almıştım. Bu aşı sertifikalarını elde etmek zor olmuştu: Randevu almak çok uzun sürmüştü, herhangi bir doktor randevusu için gerekenden üç kat daha uzun ve ben sertifikaları bir ödül gibi elimde tutarak dışarı çıktım.

Hemen formları taratmayı ve çocukların okullarına göndermeyi düşündüm, ama o gün, ertesi gün olduğu gibi şehrin her yerinde randevularım vardı ve ondan sonra şehirden ayrılıyorduk. Neyse ki okulların haftalarca onlara ihtiyacı yoktu. Evrak bekleyebilirdi.

Ya da ben öyle düşünmüştüm.

Gezimiz için yola çıktık ve evrakları unuttum. Haftalar sonra hatırladığımda, onları hiçbir yerde bulamadım. Will'in onlarla bir şey yaptığını, hatta belki onları okullara gönderdiğini düşündüm ve bunu ona sormak için not aldım. Ama bu işi bir sonraki güne ve bir sonraki güne erteledim – okul başlamadan hemen önce, tam yatmaya giderken Will'e evrakları sormak aklıma geldi. Nerede olduklarını bilmediğini söyledi. Aniden endişelendim – ve şimdi bu yarım kalmış iş aklımda olduğu için, onu çözene kadar uyuyamayacağımdan korktum.

Ve uyuyamadım. Yatma saatim çoktan geçmiş olmasına rağmen, sertifikaları aramak için evi taradım, aklıma gelen her yeri defalarca kontrol ettim. Hiçbir yerde yoktular.

Odadan odaya sekerken, kâğıtları bulamazsam ne yapacağımı zihnimde belirlemeye başladım. Çocuk doktoruna geri dönmem gerekir miydi? Evrak işleri için üç işgünü önceden onlara haber verilmesi ve şahsen gidilmesi gerekiyordu. İş bu noktaya gelirse, evrakların yenilerini almanın hayatımın kaç saatini harcayacağını hesaplamaya başladım: Ofiste bir saat, arabada yirmi dakika. Okulun ilk gününden önce evrakların yedeklerini almak mümkün müydü? Çocuklarım okula zamanında başlayamazlarsa ne olurdu? "Evraklarım şu anda karmakarışık" durumundan "bütün hayatım karmakarışık" durumuna hızla hareket ediyordum.

Boşa kürek çektiğimi, enerjimi boşa harcadığımı ve bir hiç uğruna üzüldüğümü fark etmeme rağmen –ne de olsa o sıralar bu kitabı yazıyordum– kendimi bu döngüden çıkaramadım. Ya da çıkarmamayı seçtim. Ama yine de, yatma saatiniz geçtiğinde ve kendinizi çılgına çevirdiğinizde herhangi bir şey seçmek zordur.

Fazla düşündüğümü önceden bilmeseydim de, dışadönük davranışlarım bunu eleverirdi. Neredeyse beni tuzağa düşüren zararlı düşünce döngüsünü dışa vuruyor gibiydim. Kelimenin tam anlamıyla evimin içinde daireler çizerek dolaştım, o evraklar için aynı yerlere tekrar baktım, bunu her yaptığımda daha da gerildim. Düşüncelerim ve eylemlerim tekrarlamalı, sağlıksız ve yararsızdı. Hiçbir şey başaramamış olsam da kendimi bitkin hissediyordum.

Alışkanlıklarımız İşimize Yarayabilir – Ya da Yaramayabilir

Fazla düşünmeyi kafamızın içinde olan bir şeymiş gibi algılamaya meyilliyiz. Ama fazla düşünmek sistematiktir. Bunun nedenlerini ve kanıtlarını yapılacaklar listemizde, çamaşır yığınlarımızda ve hem zihinsel hem de fiziksel alışkanlıklarımızda da görüyoruz. Bu sadece ne düşündüğümüzle değil, aynı zamanda ne yaptığımızla da ilgilidir. Evrak sorunum, evrakların eksik olduğunu fark ettiğimde başlamadı; yapılması gereken bir şeyi yapmayı ertelediğimde başladı. Yapmam gereken şeyi sadece geciktirmedim, çok daha karmaşık hale getirdim ve bu da, sonunda onu halletmek için daha fazla beyin gücüne ihtiyacım olduğu anlamına geliyor.

Alışkanlıklarımız işimize yarayabilir veya bizim felaketimiz olabilir. Alışkanlıklarım beni mahvediyordu.

Sorumlu yetişkinliğin temel ilkelerini ihmal ettiğimizde kendimiz için ne kadar çok sorun yarattığımızı fark etmek hem cesaret kırıcı hem de güçlendiricidir. Bu cesaret kırıcıdır çünkü istemesek bile bunları yapmamız gerekiyor. Bu görevlerin çoğu – aradığınızı bulmak için masanızı yeterince düzenli tutmak, beyninizin düzgün çalışabilmesi için yeterince uyumak ve okul sekreteri için o evrakları taratmak gibi basit, sıkıcı şeyler – o an önemliymiş gibi gelmez. O an akıl sağlığını korumaktan çok zaman kaybettiriyorlarmış gibi hissedebilirler, ancak küçük çabamız için bize inanılmaz bir geri ödeme yaparlar. Bu güçlendiricidir çünkü bu alışkanlıklar bizim kontrolümüz altındadır. İyi ya da kötü, bu temel bilgiler çok önemlidir ve bunların gerçekten yapıldığından emin olmak için gereken sistemleri kurmak, zihinsel yükümüz üzerinde derin bir etkiye sahiptir. Fiziksel mekânlarımızda, fiziksel bedenlerimizle doğru alışkanlıkları oluşturduğumuzda, başlamadan önce gereğinden fazla düşünmeyi bırakabiliriz, çünkü yapılması gereken şeyler aslında yapılıyordur. Uzun zaman önce halletmemiz gereken bir şey için evi çılgınca arayarak bir saatimizi asla boşa harcamayacağız.

Bizi başarısızlığa uğratana kadar bu alışkanlıkların önemini anlayamayabiliriz. Genelde düzenli olan bir arkadaş geçen yaz kredi kartını bir haftalığına kaybetti ve sonunda onu cüzdanında buldu çünkü kasada kartını her zamanki göze koymak için fazladan üç saniye ayırmamıştı. Zamanınızı kredi kartınızı arayarak harcadığınızda, hayatınızda yaptığınız şey budur. Daha ilginç şeyler yapmayı tercih etmez miydiniz?

Döngüyü Tamamlamak

Daha dün yarım saatimi bir kitap kulübü tartışması için ihtiyacım olan ciltsiz bir kitabı aramak için harcadım. Buralarda, evin her yerinde -ofisimde, kütüphanede, çocuk odalarında, bodrumda- kitap bulunduruyoruz ve böyle olmasını seviyoruz. Güncel olarak okuduklarımızı komodinlerimiz ve sehpalarımızın üzerinde tutuyoruz. Bunun bir sistemi var ve sistem çalışıyor – kitaplarla işim bittiğinde yeniden rafa koyduğum sürece.

Ama bazen bunu yapmıyorum. Genellikle bir işgününün sonunda edebi bir blog gönderisini bitirmek için acele ediyorum ya da çocuklarımı okuldan almak için kapıdan dışarı çıkmadan hemen önce altın saat (gün doğumundan kısa bir süre sonraki ve günbatımından kısa bir süre önceki, gökyüzünün kırmızı olduğu zaman) fotoğraf çekimleri düzenliyorum. O an, birkaç kitabı ait oldukları yerden iki oda uzakta, kış bahçesinde bırakmak çok da önemli bir şey gibi görünmüyor. Kendi kendime onları eve gidince kaldıracağımı söylüyorum. Ama eve döndüğümde unutmuş oluyorum. Bunu bir ay kadar yaptığımda sistem bozularak aradığımı bulmayı zorlaştırıyor. Ve sonra gerçekten bir kitaba ihtiyacım olduğunda, onu hiçbir yerde bulamıyorum.

Edebi evimi düzene sokmak ve fiziksel çevremin beni sabote etmesini önlemek için, genellikle basit bir mantrayı tekrarlarım: Temelde "başladığın işi bitir" demenin süslü bir yolu olan *döngüyü tamamla.* A *Modern Mrs Darcy (*Modern Bir Bayan Darcy) blog okuru, ailesinde buna "çemberden geçirmek" dendiğini söyledi. "Hepimiz çembere yaklaşmakta oldukça iyiyiz, ancak çemberden geçirene kadar ödül yoktur" diyor. Diğer okurlar, "Bir kez dokunun" ve "Dokunun, tamamlayın" ve "Bir sonraki adıma geçin" gibi benzer faydalı mantralar paylaştılar.

Bana en çok hitap eden "döngüyü tamamlamak" ifadesidir. Her gün döngülere başlıyorum ve siz de bunu yapıyorsunuz. Muhtemelen şu anda devam eden döngüleriniz var. Ve genel olarak konuşursak, onları tamamladığımızda daha mutlu ve çok daha düzenliyiz. Bu, başladığımız işi az çok hızlı bir şekilde bitirmek anlamına gelir.

Tam döngülerin bazı faydaları açıktır. Başladığımız işi bitirmediğimizde önemli evraklarımızı kaybederiz. Giysilerimiz temiz olabilir, ancak kurutucunun dibinde buruşmuşlardır ya da daha kötüsü dolaba asılı ama giyilemeyecek kadar buruşuklardır. Dünün yumurtalarını tavadan temizlemeden bugünün kahvaltısını hazırlayamayız.

Döngülerimizi derhal tamamladığımızda, önlenebilir her türlü son dakika acil durumunu atlatırız. Bogel ailesinden, yaklaşık 2016'dan şu örneğe bakın. Vergi evraklarımızın hepsini şubat ayında doldurduk ve iki ay erken bitirdiğimiz için kendimizle gurur duyduk. İşin zor kısmı bittiği için iş tamamlanmış gibi hissettik. Ancak 15 Nisan'da kendimizi çılgınca çek defterini ararken, sonra da gece yarısı teslim alma hizmeti olan şehrin diğer ucundaki tek postaneye giderken bulduk çünkü işin zor kısmını yapmış olmamıza rağmen, formları ve ödememizi postaya vermeyi içeren son adımı asla atmadık. O gece döngüyü tamamlayamadığımız için kendimize lanet ediyorduk.

Döngüyü tamamlamak sihirli bir değnek değildir. Ancak faydaları, hepsi kolayca görülmese bile gerçektir. Açık döngüler zihinsel enerjiyi tüketir, beyin alanını işgal eder ve bunları "devam eden işler" olarak takip etmemiz için bize yalvarır. Beynimiz, çok fazla döngü açık kaldığında endişelenir, çünkü onları korumak için enerji gerekir. Beynimize dağınıklık olarak kaydolurlar. Zihinsel enerjimizi ve sınırlı çalışan belleğimizi onları unutmamaya çalışarak kullanıyoruz. Bunu bir bilgisayarın belleği gibi düşünün – ne kadar fazla RAM varsa, makine o kadar sorunsuz çalışır. Bir döngü tamamlandığında, elimizdeki göreve odaklanabilmemiz için takip etmemiz gereken bir tane daha az şey olur.

Fiziksel alanınızın sizi sabote etmesini önlemek için bu döngüyü tamamlama alışkanlığını çok çeşitli örneklerde uygulayabilirsiniz. Bunun nasıl olabileceğine dair bazı fikirler şöyledir:

- Postayı içeri getirir getirmez ayırmak
- Faturaları aldığınızda ödemek
- Eve gelir gelmez anahtarlarınızı belirlenmiş bir yere koymak
- Önemli evrakları masanıza gömülmeden önce dosyalamak
- Marketten eve geldiğinizde eti dondurucuya koymak
- Kirli bulaşıkları tezgâha koymak yerine bulaşık makinesine koymak
- Kapıdan girer girmez paltonuzu asmak
- Günlük işleri hallettikten sonra yeniden kullanılabilir çantaları bagaja geri koymak
- Şişeyi boşalttığınızda alışveriş listesine acı sosu eklemek
- Kırışıklıklar oluşmadan önce çamaşırları katlamak ve ardından onları gerçekten kaldırmak

Dağınıklığı Toplayın

Fazla düşünmeyi kafamızın içinde olan bir şeymiş gibi düşünmeye meyilliyiz ama aynı zamanda fiziksel alanlarımızla da yakından bağlantılıdır. Dağınıklığı toplamak, başlamadan önce fazla düşünmeyi durdurmanın temel bir yoludur.

Anahtarlarımızı aramak için zaman ve enerji harcamaktan kurtulabilir ve genellikle böyle bir olaya eşlik eden hayatın tamamına etki eden çöküşü önleyebiliriz.

Dağınıklık zihinsel işlev için harika değildir, bu nedenle temiz tezgâhlar iç huzuru için çok faydalıdır. O önemli evrakı, kullanılmış kahve fincanları, seloteyp ve mutfak tezgâhında birikmeye meyilli diğer döküntülerle dolu bir denizde gömülüyse unutmak daha kolaydır.

Ortalığı toplamanın faydalarından yararlanmak için Martha Stewart Living sayfalarında yaşamanıza gerek yok. Döngülerinizi tamamlarsanız, alanlarınız muhtemelen daha düzenli görünecektir, ancak mesele özünde, düzenlilik değildir. Alanlarınızı düzene sokarak düşünce sürecinizi düzene sokabilirsiniz ve beyniniz hayatın ayrıntılarıyla ilgilenmek için bu kadar çok çalışmak zorunda kalmayacaktır. Önemli olan, ihtiyaç duyduğunuzda eşyalarınızı bulmanızı sağlayan bir düzen seviyesini korumaktır.

Dağınık alanlardan kolayca bunalıyorum (standartlarım hiç kuşkusuz düşük olsa da ve kitap yığınlarının dağınıklık kategorisinde olmadığına karar verdim). Bu birkaç numara, kontrolden çıkan bir durumun kontrolünü ele geçirmeme yardımcı oldu:

- Bir şeyi bulamadığımda, bu benim için temizlik yapma zamanının geldiğinin işareti. Bu süreçte neredeyse her zaman aradığımı buluyorum ve aramaya bir amaçla yaklaşmak beni telaşlanmaktan alıkoyuyor. (Ayrıca, anahtarlarımı bulduğumda, alanım daha düzenli olduğu için işlevlerini çok daha iyi yerine getiriyor.)
- Kargaşa durumundan bunaldığımda, tek bir toplu alan belirlerim. Ofisimde, benim masam. Mutfakta, ada. Yatak odamda, yatak.

- Toplu bir alanım olduktan sonra soldan sağa doğru toplarım. Bu numarayı distopik bir edebi romandan öğrendim ve gerçekten işe yarıyor. Dağınık alanla nasıl başa çıkacağımı düşünmek yerine, doğrudan aksiyon aşamasına geçerim. Ve benim ilerlemem görünür ve barizdir.

Dağınıklık, tanımı gereği, bizi mühim olan şeylerden uzaklaştırır ve önemli olan şeylere odaklanmayı zorlaştırır. Bu, bazılarımızı diğerlerinden daha fazla etkiler. Teknik olarak onun hedef kitlesi arasında olmasam da Susan C. Pinsky'nin *Organizing Solutions for People with ADHD* (DEHB'li Kişiler İçin Düzenleme Çözümleri) kitabını uzun zamandır seviyorum. Dağınıklığı özellikle dikkat dağıtıcı bulanlar için basitliğin güzelden daha önemli olduğunu, pratikliğin istek uyandırmaktan daha önemli olduğunu ve dağınıklığın ölümcül olduğunu söylüyor. Eşyalarımızı kontrol altına almadığımızda, bunun bedelini ekstra çaba, zaman, stres ve parayla ödüyoruz. Ne kadar az şeye sahipsek, işleri düzene sokmak o kadar kolay olur. Pinsky'nin dediği gibi: "Verimliliğe giden en doğru yol, azaltmadır."

İşi Çoğaltmayın

Zihinsel enerjiden tasarruf etmek, aynı görevlerle tekrar tekrar uğraşmamak anlamına gelir. Eğer işi bir kere yapabiliyorsanız ve faydalarından tekrar tekrar faydalanabiliyorsanız, yapın. İşi çoğaltmayın!

Örneğin, her seyahat ettiğimde aynı bavul hazırlama listesini kullanırım (başka birinin benim için oluşturduğu, 9. Bölüm'de inceleyeceğimiz bir strateji). Listeden çalışmaya başlamadan önce, bir şeyleri unutma konusunda endişeliydim – muhtemelen bir şeyleri düzenli olarak unuttuğum için.

Ama şimdi bavul hazırlama listem, eskiden unuttuğum şeyleri içeriyor: diş fırçam, maskaram, naneşekerleri, kitap etkinlikleri için edebi çıkartmalarım. Bavulumu yüklerken sadece kutuları işaretliyorum ve temel şeyleri atlamaktan endişe etmiyorum çünkü listemin güvenilir olduğu kanıtlandı.

Vücudunuza İyi Bakın

Fazla düşünme söz konusu olduğunda, fiziksel bedenlerimiz önemlidir. Fazla düşünmek, kafamızın içindeki alanda veya onunla ilgili değildir. Fazla düşünmeyi önlemeye yönelik herhangi bir plan, bedenlerimizde neler olduğunu göz önünde bulundurmak zorundadır, çünkü bedenlerimize özen gösterdiğimizde beyinlerimize de özen göstermiş oluruz.

Fazla düşünmek kadar karmaşık bir konuyla karşı karşıya kalındığında, Hollandalı psikiyatr ve araştırmacı Bessel van der Kolk'un "vücudun temel bakım işlevleri" dediği bu fiziksel temellere odaklanmak aptalca görünebilir. Ama bu bir tuzaktır. Van der Kolk, travmatik deneyimlerin beynimizde, zihnimizde ve bedenlerimizde nasıl kendini gösterdiğini anlatan *The Body Keeps the Score* (Vücut Skoru Tutar) adlı büyüleyici kitabın yazarıdır ve çalışmalarında, vücudumuzun temel ihtiyaçlarına yönelmenin gerekli olduğunu defalarca görmüştür. "Nefes almak, yemek yemek, uyumak, kaka yapmak ve işemek o kadar temeldir ki zihin ve davranışın karmaşıklığını düşündüğümüzde bunların önemi kolayca ihmal edilebilir" diye yazıyor. Ama bunu yaparak kendi riske atıyoruz, çünkü fiziksel bedenin işleyişi beynin işleyişine yakından bağlıdır.

Kendi 9/11 deneyimimin ardından yaptığım ilk şeylerden biri kafeini bırakmaktı çünkü endişeli zihnim ve aşırı yüklenmiş vücudumun fazladan uyarıma ihtiyacı yoktu. Açken sinirden tepesi atan veya gecenin bir yarısı fazla düşündüğü için uykusu kaçan herkes, beyin ve vücut arasındaki bağı deneyimlemiştir. Aşı sertifikaları konusunda aklımı kaybetmemin bir nedeni yorgun olmamdı. Gecenin bir yarısının fazla düşünmenin en çok yapıldığı zaman olması boşuna değil: Uykumuz var! İyice dinlenmiş ve odaklanmışken telefonlarımızı dürtüsel olarak kontrol etmek gibi aptalca şeyler yapmayız; bunu yorulduğumuzda ve dikkatimiz dağıldığında yaparız. Dinlenmiş zihnin konudan sapması daha az olasıdır.

The Chemistry of Calm'ın (Dinginliğin Kimyası) yazarı Dr. Emmons, uyku, egzersiz ve diyeti, stres ve kayıpla karşı karşıyayken bile sakin ve duygusal olarak dengeli kalmamızı sağlayan "dayanıklılığın kökleri" arasında sayar. Emmons, "Eğer bir şey vücudun geri kalanı için kötüyse, beyin için de kötüdür" diye yazar. Bunun tersi de doğrudur. Bu stratejiler sadece vücudumuzu değil, beynimizi de sağlıklı kılar, enerjimizi ve odağımızı geliştirir. Enerjik ve odaklanmış bir zihin, fazla düşünen bir zihin değildir.

Egzersiz eksikliği doğrudan fazla düşünmeye bağlıdır. Emmons egzersiz konusunda şöyle yazar: "Ucuz olan, doğru kullanıldığında olumsuz yan etkileri olmayan, kullanan herkese faydası olan, kronik hastalıkların çoğunu önleyen, yaşlanma sürecini yavaşlatan, uykuyu iyileştiren, stresi azaltan, beyni koruyan, ruh halini iyileştiren, özgüveni artıran ve hatta kişinin cinsel yaşamını iyileştiren bir ilaç hayal edin – Prozac'tan daha popüler olurdu!" Bu ilaç egzersizdir ve Emmons bununla ilgili söylediklerini ağzında gevelemez: "Enerjinin ekonomisi iyi bir yatırım yapmak gibidir: Onu akıllıca harcarsanız daha da fazlasını alırsınız. En iyi yatırımınız, yalnızca hücreleri korumakla kalmayıp aynı zamanda onları daha iyi enerji üreticileri yapan düzenli egzersizdir."

Bunu karmaşık hale getirmemize gerek yok. Bazı koşullar daha kesin – belki de bir doktorun görüşlerini de içeren reçeteler gerektirebilirken, çoğumuzun fiziksel bedenlerimize özen göstermeyi fazla düşünmemize gerek yoktur. Bu konu, uzun zaman önce, yıllık fizik muayenem için doktorumu görmeye gittiğimde bana anlatılmıştı. Ona ailemin tıbbi geçmişi hakkında endişelendiğimi söylediğimde, talimatları o kadar basitti ki yüksek sesle güldüm. "Formda görünüyorsun" dedi. "Bütün hastalarıma dört şey yapmalarını söylüyorum: Her gün en az yirmi dakika yürümek, yeterince uyumak, gerçek yemek yemek ve bol su içmek."

"Bu kadar mı?" diye sordum.

"Bu kadar" dedi. "Ayrıntıların ince ayarını yapmak için bütün gün konuşabiliriz, ancak bu temel bilgilerle başlamazsan hiçbirinin önemi kalmayacak."

Yeterince açıktı.

Mola Vermek

Düşünmek zor iştir. Zihinsel olarak dinlenmiş ve tazelenmiş olduğumuzda, düşüncelerimizi doğru yolda tutmak daha kolaydır. Sadece uykumuz olduğu için yorulmayız; sadece gün boyunca zihinsel odaklanmayı sürdürmek bile enerjimizi tüketir. Yorgun bir beyin kolayca fazla düşünen bir beyin haline geldiğinden, kendimize sadece geceleri değil, gün boyunca da zihinsel molalar vermemiz gerekir.

Ne düşünürsek düşünelim, ancak belli bir süre iyi düşünebiliriz. Bu yüzden hepimiz normal hayatta molalar veririz – on dakika, birkaç saat veya ara sıra günlerce. Bu konuda akıllı olun ve kendinize düzenli, onarıcı molalar verin. Verimlilik uzmanı Laura Vanderkam'ın "sahte molalar" olarak adlandırdığı, e-postaları kontrol etmek veya Instagram'da gezinmek gibi boş zamanları doldurmak için akılsızca meşgul olduğumuz alışkanlıklara karşı temkinli olun. Bunlar sorunludur çünkü gelen kutumuzu değil kendimizi yenilemek için zamana ihtiyacımız var.

Enerjimiz düştüğünde, vücudumuz ve beynimiz gerçek molalara ihtiyaç duyar – iyi bir fincan kahve ile oturmak veya öğle yemeği molasında kitapçıya gitmek ya da gerçekten bunalmış hissettiğinizde sessizce oturup birkaç dakika bulutlara bakmak gibi şeyler. Vanderkam "bilinçli molalar"ın yararları hakkında şöyle yazıyor: "Öğle yemeğinde otuz dakikalık bir yürüyüşe çıkmak, kafanızı boşaltacak ve öğleden sonranın geri kalanına odaklanmanızı sağlayacaktır. Bu, günün sonunda yapılması gereken bir şeyi, sersemlemiş beyniniz aynı e-postayı arka arkaya altı kez okumaya devam ettiği için tamamlayamadığınızdan işte geç saatlere kadar kalmayacağınız anlamına gelir."

Zihnen yorgun olduğumuzda, tükenmiş beyinlerimiz buna karşı daha az savunma yapabildiği için, fazla düşünme devreye girer. Bu yüzden işgünlerinde, kısa molalarla bir buçuk ila iki saatlik bloklar halinde çalışmayı seviyorum. Sık sık mahallede hızlı bir yürüyüş yaparım ve buna "zihinsel sağlık molası" derim. Şaka gibi gelebilir ama değil. İşte bu molalarda yaptığım en sevdiğim şeylerden bazıları:

- Bir romandan bir bölüm okumak (gerçi, geçimini sağlamak için okuyan biri olarak, iş gibi gelmeyen bir kitap seçtiğimden emin olmam gerekiyor)
- Bir yemek kitabı veya bahçecilik kitabının sayfaları arasında gezinmek

- Postayı almak ve komşularla sohbet etmek
- Nasıl olduğunu öğrenmek için bir arkadaşı aramak
- Kısa bir koşuya çıkmak
- YouTube'daki beş dakikalık bir yoga videosunu yapmak
- Kulaklıksız tek başına yürüyüşe çıkmak
- Birkaç dakika verandadaki salıncakta oturmak
- Mahalledeki kitapçıyı ziyaret etmek ve raflara göz atmak

Mola vermek kulağa basit geliyor, ancak basitin etkili olmadığını düşündüğümüzde, o zaman aşırı karmaşıklaştırmaya ve fazla düşünmeye başlıyoruz. Stratejilerimizin bize faydasının olması için karmaşık olmaları gerekmez.

Kendi Yolunuzdan Çekilin

O aşı sertifikaları yüzünden çıldırırken, bu bölümdeki stratejilerden herhangi biri bana yardımcı olabilirdi. Belgeleri aldığım gün düzgünce dosyalasaydım, nerede olduklarını merak etmezdim. Belgeleri tarayarak ve okullara göndererek döngüyü tamamlasaydım görev tamamlanmış olacaktı. Masam ve tezgâhlarım daha düzenli olsaydı, kâğıtların bir yerlerde olduğunu düşünmezdim. Yatağa gidip arama işini sabaha bıraksaydım, kendimi sefil bir saatten kurtarabilirdim ve ertesi gün taze ve dinlenmiş olduğumda bununla ilgilenebilirdim.

Yaptığım şey şuydu. Yetersizliğim hakkında bir güzel ağladım, başucumdaki romandan bir bölüm okudum ve hemen uykuya daldım. Ertesi sabah, önceki akşamki korkumdan biraz utanarak ama yeni bir netlikle uyandım. O kâğıtları en son evde gördüğümü sanıyordum ama arabada olabilirler miydi?

Hâlâ pijamalarım üzerimdeyken dışarı çıktım ve onları tam bıraktığım yerde buldum: Sürücü koltuğunun yanındaki döşeme tahtasının üstünde, hafifçe buruşmuş şekilde çünkü bir aydan fazla bir süredir her arabaya bindiğimde çantamı üzerlerine düşürüyordum.

Fazla düşünme söz konusu olduğunda, ne yapacağınızı bilmediğiniz zaman kendinizi güçsüz hissedersiniz. Bunlar, kendinizi başarıya hazırlamak için geliştirebileceğiniz basit alışkanlıklardır. Kulağa basit geliyorlar çünkü basitler ama etkilerini hafife almayın. Evraklarınızı dosyalayın. Kahvaltı tabaklarını kaldırın. Ve şu formlarla bugün ilgilenin. Çünkü doğru alışkanlıklarla, fazla düşünmeyi başlamadan önce bırakabilirsiniz.

Sonraki Adımlar

1. Şu anda hangi alışkanlıklar işinize yarıyor? Hangi alışkanlıklar biraz çalışma gerektiriyor?

....

....

....

....

2. Zamanında tamamlamaya faydalı olacak hangi döngülere giriyorsunuz?

....

....

....

....

3. Dağınıklık sizi önemli olandan uzaklaştırıyor mu? Evet ise nerede?

....

....

....

....

4. Bavul hazırlama listem gibi, bir kerede tamamlayabileceğiniz ve avantajlarından tekrar tekrar yararlanabileceğiniz herhangi bir işi belirleyebilir misiniz? Evet ise, bunlar nelerdir?

....

....

....

....

5. Vücudunuza özen göstermek söz konusu olduğunda, bunu ne kadar iyi yaptığınızı düşünüyorsunuz?

....

....

....

....

6. Eğer niyetiniz varsa, uyku, beslenme ve egzersiz konusunda ne gibi değişiklikler yapmak istersiniz?

....

....

....

....

7. Gerçek molalar vermenin en sevdiğiniz yolları nelerdir? Hangi yeni molaları denemek istersiniz?

....

....

....

....

2. Kısım

Kontrolü Elinize Alın

6

İlerlemek İçin Hızlanın

Düşünmek çoğu zaman beni üzdü, sevgilim; ama yapmak hayatım boyunca hiç üzmedi... İlkem: "Bir şeyler yap kız kardeşim, yapabiliyorsan iyilik yap; ama ne olursa olsun, bir şeyler yap."

Elizabeth Gaskell

Üniversite günlerinde hayatımda bir kez motosiklet kullandım. Pek de maceracı bir tip değildim. Motosiklete binmeyi hiç istememiş ya da planlamamıştım, ama havaalanına gitmem gerekiyordu ve benim gibi birinci sınıf öğrencilerinin kampusta arabaları olmasına izin verilmiyordu. Bununla birlikte, motosiklet kullanmamıza izin veriliyordu ve motosikletiyle gezintiye çıkmak için herhangi bir mazerete minnettar olan arkadaşım Luke, yarım saatlik bu yolculuğu yapma şansına atladı.

Günü geldiğinde, Luke'a gergin bir acemi olduğumu söyledim ve benim hatırım için yavaş gidip gidemeyeceğini sordum.

Güldü. "Üzgünüm" dedi. "Ama hayır."

Motosikletini sevdiğini biliyordum ama yine de. *Ne kadar kaba.* "Vay be, teşekkürler" dedim.

"İnan bana..." dedi. "böylesi daha iyi. Yavaş sürersek sallanırız. Sabit bir şekilde sürmek için hızlanmalısın. Çocukken bisiklete binmeyi öğrendiğin zamanki gibi. İlk başta kendini rahatsız hissedebilirsin, ancak gaza basıp hareket etmeye başladığımızda çok daha iyi hissedeceksin."

Haklıydı. İlk birkaç saniye sallantılıydı, ama ondan sonra hoş, sarsıntısız yolculuğumuzun tadını çıkardım.

O zamanlar, önümüzdeki yıllarda o tek bir motosiklet yolculuğunu ne kadar sık düşüneceğimi asla tahmin edemezdim. Ne zaman motosiklete binen iki üniversiteli çocuk görsem düşüncelerimin Luke'a ve o gezintiye yönelmesini bekleyebilirsiniz, ama yanılıyorsunuz. Hayır, yolculuğumuzu yavaş ve dikkatli bir karar verirken düşünüyorum ve kendimi sallanırken görüyorum. O sabahki yolculuğun anısı, kendime hızlansam daha iyi olur mu diye sormamı sağlıyor.

Bekleme Süresi Boşa Geçen Zamandır

Hepimiz hayatta iyi kararlar vermek isteriz. Büyük bir kararla karşı karşıya kaldığımızda otomatik olarak yavaşlayabiliriz çünkü onu ciddiye aldığımızdan emin olmak isteriz. 1. Bölüm'de belirttiğim gibi, bir amaca yönelik beklemenin bir yeri vardır; yavaş ve metodik kararların gerekli olduğu zamanlar vardır. Geçimsiz bir aile üyesiyle nasıl başa çıkacağınızı, okula geri dönmeniz gerekip gerekmediğini veya bir ev satın almaya gücünüzün yetip yetmediğini düşünüyorsanız, zaman tam ihtiyacınız olan şey olabilir.

Ama belli bir noktada bekleme süresi boşa harcanmış zamana dönüşür. Yavaş hareket etmenin bize yardımcı olacağını düşünürüz, ancak seçeneklerimizi düşünmek için o kadar çok zaman harcarız ki analiz felcine takılıp kalırız. Önemlinin, sürecin her aşamasında yavaş olmayı gerektirmediğini hatırlamamız gerekir. Bir kararın daha fazla düşünülmeye ihtiyaç duymadığı bir zaman gelir ve bu noktayı geçtikten sonra *fazla* düşünüyoruzdur. Düşünmeye devam etmemize gerek yoktur; hızlanmamız gerekir - yani, bir karar vermeli ve harekete geçmeliyiz.

Bazen amaca yönelik düşünme ile fazla düşünme arasında ayrım yapmak kolaydır; diğer zamanlarda neler olup bittiğini anlamak biraz zaman alır. Ancak pratikle, yavaşlamanın fayda yerine engel olduğunu fark etme konusunda daha iyi olacak ve bu konuda ne yapacağınızı öğreneceksiniz.

İşte devam etme zamanının geldiğine dair bazı sinyaller.

İki İyi Seçenek Arasında Karar Verirken

İki iyi seçenek arasında karar vermek, içinde olmak için harika bir pozisyon gibi görünür, ancak şaşırtıcı derecede zordur çünkü "doğru" bir yanıt ve karar vermenin net bir yolu olmayabilir. İçgüdümüz, doğru cevap bariz hale gelene kadar yavaşlamak olabilir, ancak bunu kendimizi riske atarak yapıyoruz - dikkatli olmazsak, doğrudan analiz felcine dalabiliriz. İki iyi seçenekle karşı karşıya olduğumuzda, daha fazla zamana ihtiyacımız yoktur. Devam etmemiz gerekir.

Yakın zamanlarda, arkadaşım Claire büyük bir karar vermek için yavaşladı ve yaptığı fena halde geri tepti - ta ki o ne olduğunu anlayıp hızlanana kadar. Claire'in harika bir özgeçmişi var: Twitter'ın ilk çalışanlarındandı, yeni kurulan şirketler hakkında her şeyi biliyor ve yıllardır kendi işini başarıyla yürütüyor. O ve ben, hepsi de kendi işlerini yürüten bir grup kadınla düzenli olarak buluşuyoruz. İşimizde karşılaştığımız sorunlar hakkında konuşuyoruz ve bunlar hakkında ne yapacağımıza dair fikir ve stratejiler paylaşıyoruz.

Uzun bir yaz boyunca, Claire'in işiyle ilgili alması gereken önemli kararlardan bahsetmesini dinledik. Sonunda bir sonraki adımının, çalışmalarını taze bir bakış açısıyla değerlendirmesine ve nasıl ilerleyeceğine karar vermesine yardımcı olabilecek bir danışman tutması olduğuna karar verdi. Araştırmasını yapmış, etrafındakilere sormuş ve seçeneklerini hem yetkin hem de konuşulması rahat ve şiddetle tavsiye edilen iki sağlam adayla sınırlandırmıştı. Şimdi birini seçme zamanıydı.

Bu Claire için büyük bir karardı. Küçük grubumuzdaki herkes neler olduğunu görebiliyordu. Claire bu konuyu zaten gereğinden fazla düşünmüştü. Bir karar vermesi gerekiyordu çünkü karar verene kadar motosikleti sallanacaktı.

Ve bir sonraki toplantımızda onu yazı tura atmaya davet ettik. Tamam öyleyse. Koç A için tura, koç B için yazı.

Yazı tura attı ve koçunu tuttu. (Aslında, yazı tura geldiğinde Claire yazı gelmesini umduğunu fark etti – bu yüzden *diğer* koçu tuttu. Ama bir tanesini tuttu.)

İki iyi seçenek arasında kaldığımızı fark edersek, tek yapmamız gereken birini seçmektir – çünkü bunu yapana kadar bu kararı her zaman aklımızın bir köşesinde tutarız ve bu da ilerlememizi engeller.

Ne Yapacağınızı Biliyor Ama Ayağınızı Sürüyorsanız

Kendi fazla düşünme kalıplarıma daha fazla dikkat etmeye başladığımda, şaşırtıcı bir şey fark ettim. Ne yapacağımı bilemediğimde fazla düşünmeye yenik düştüğümü varsaymıştım, ama gerçekte olan bu değildi. Bazen sadece ne yapacağımı bilmiyormuş gibi yapıyorum çünkü yapmak istemiyorum. (Eğer gecenin bir yarısında yirmi dakikanızı yataktan kalkıp tuvalete gitmeniz gerekip gerekmediğini düşünerek geçirdiyseniz, neden bahsettiğimi anlamışsınızdır.)

Sorun ister büyük ister küçük olsun, cevabı beğenmezsek, daha iyi bir cevap gelmeyecek bile olsa, daha iyisini aramaya devam etme eğiliminde olabiliriz. Cevap hoşumuza gitmeyebilir çünkü tembel hissederiz; ya da cevap mükemmel değildir ya da aptal görünmekten endişe duyarız. Bu cevabın doğru olmadığı anlamına gelmez. Ve bu cevabı aldığımızda, hâlâ işin sonunu getirmemiz gerekir.

Az önce iki iyi seçenek arasında seçim yapmanın gereğinden fazla düşünmeye nasıl yol açabileceğinden bahsettik. İlginç bir şekilde, iki hoş olmayan seçenek arasında bir seçim yapmak da aynı şeyi yapabilir. Her iki durumda da ilerlemek için harekete geçmemiz gerekir.

Geçen yıl iş için seyahat ederken, her zamanki konaklama düzeyimin birkaç seviye üstünde, popüler bir butik otelde kaldım. Duvarlarında vintage albüm kapakları ve bar arabalarında retro Victrola hoparlörleri, oda servisi mönüsünde apsent (pelin otu ile yapılan bir tür sert içki) olan türden lüks ve ferah bir yerdi.

Yatak rahattı, yastıklar yumuşaktı, karartma perdeleri etkiliydi. Yine de gece yarısı civarında uyumak için uzandığımda, tüm odanın derin bir bas vuruşuyla titrediğini fark ettim. Müziği duyamıyordum ama hissedebiliyordum.

Kendime bunun bir önemi olmayacağı kadar yorgun olduğumu söyledim; hemen uykuya dalardım.

Ama yapmadım. Dönüp durdum ve her zamanki numaralarımı denedim: Kalktım ve yüzümü yıkadım; yastığımı kabarttım; bir beyaz gürültü uygulaması indirdim ve okyanus ayarını denedim, ardından hafif yağmur, hepsi boşunaydı.

Ön büroyu aramam gerektiğini farz ettim ama mızmızlanmak istemedim ve zaten yardım edebileceklerinden de emin değildim. Müziğin nereden geldiğini bilmiyordum ve aslında yüksek sesli değildi. Fazla düşünme kıvamına gelmiş, yarı uyur/yarı uyanık haldeydim. Kendime her an uyuyabileceğimi söyleyip duruyordum.

Dakikalar geçip erken uyandırma çağrımın gelmesi yaklaşırken giderek daha fazla endişelendim. Ne yapmam gerektiğini biliyordum ve bunu yapmak istemiyordum. Ama sonunda telefonu açtım ve resepsiyona bildiğim her şeyi anlattım: "610'dayım, bitmeyen bir bas ritmi var, nereden geldiğini bilmiyorum ama durana kadar uyuyamayacağım."

Otel çalışanı özür diledi ve icabına bakması için güvenliği göndereceğini söyledi. Bir şey yapabileceklerinden şüpheliydim. Ama üç dakika sonra ses kesildi.

Çözümün ne kadar çabuk geldiğine inanamadım ve saatler önce aramadığım için kendime kızdım – ama sadece bir dakika, çünkü odamın titremesi durduğunda, hemen uykuya daldım.

Bu ideal sonuç (her ne kadar iki saat geç olsa da) gelecekteki seyahatler için şu "eğer-o zaman" kuralını benimsememe yol açtı: "Şüpheye düştüğünde resepsiyonu ara." Yardım istemenin faydaları, her zaman bu kadar iyi sonuç vermese de, dezavantajlarından çok daha fazladır. Birkaç ay sonra, farklı bir otelin resepsiyonunu gece saat 01.00'den sonra ikinci grup sarhoş yabancı odamın önünden geçip yüksek sesle şarkı söyledikten sonra aradım. "Çok üzgünüz, bu gece burada birçok düğün var" dedi müdür telefonda. Uyumak hâlâ kolay değildi, ama harekete geçmeli miyim diye kendime işkence etmedim. (Kulaklıklarımı bulmanın dışında, yani.)

Daha sık rastlanan bir örnek vermek gerekirse, alışverişten hoşlanmamam bazen başımı belaya sokuyor. Kıyafet alışverişinden hoşlanmam ve mümkün olduğunca bundan kaçınırım.

Bu yüzden alışveriş yapmam gerektiğini bilsem bile, ne zaman, nerede yapacağım ve tam olarak ne alacağım konusundaki kararları ertelerim. Ama belli bir noktadan sonra bütün kot pantolonlarımda delik açılana kadar onları giyersem yenilerini almam gerekiyor. "Stratejim" geçici olarak işe yarayabilir, ancak aynı zamanda nefret ettiğim bir şey için çok fazla dikkat kesilmeme neden oluyor.

Yapmak istemediğimiz bir şeyi yapmayı ertelediğimizde, hoş olmayan şeyi gerektiğinden çok daha uzun süre tam da önümüzde tutarız. Konuyu düşündüğümüz sürece, olumsuz olanı düşünüp duruyoruz. Bir şeyden korkuyorsak, onun er ya da geç icabına bakarak kendimize faydalı olabiliriz. Gerçekten bir şeyler yapabileceğimiz bir şeyi fazla düşünüyorsak, yapabileceğimiz en iyi şey hızla ilerlemek. En kısa sürede harekete geçin.

Kendinizi Suçlamaya Başladığınızda

Bazen yavaşlarız çünkü dışarıdan ilerlerken zihinsel veya duygusal olarak ilerleyememişizdir. Hızlanmışız gibi görünebilir, ama içimizde hâlâ sallanıyoruz.

Buna benzer bir şeyi beklenmedik bir sorunun beni hazırlıksız yakaladığı bir haziran cumasında yaşadık. Cuma günleri haftalık ritmimde genellikle sakin geçer, ancak o gün zihinsel olarak zorlu randevularla doluydu. Aslında, bütün hafta çılgınca geçmişti. Bitkin düşmüştüm ama akşam planlarımızı dört gözle bekliyordum. Eski tanıdıklarımızı ilk defa yemeğe davet etmiştik ve yeni misafirlerimizin rahat etmesini istedim ve planımı ona göre yaptım. Ev yeterince temizdi ve çok da abartılı olmayan bir yemek için malzemelerim hazırdı. Misafirlerimiz kendilerini neredeyse-vejetaryen olarak adlandırıyorlar, bu yüzden komşularımın bahçelerinden gelen fazlalığı iyi değerlendirmeye ve spagetti kabağı tacosu yapmaya karar verdim. *Smitten Kitchen* tarifiyle ilk karşılaştığımda şüpheliydim, ancak yıllar sonra ve birçok akşam yemeğinden sonra vejetaryen tacolar et yiyen ailemin favorisi ve misafirlere düzenli olarak yaptığım bir yemek haline geldi.

Öğleden sonraki son toplantım çok uzun sürmüştü ve akşam yemeğine başlama zamanı çoktan gelmişti. Taco için spagetti kabağını kızartmayı tercih ederim, ama hava fırını açmak için çok sıcaktı, bu yüzden mikrodalgaya döndüm. Kabağı pişirmeye hazırlarken, pişerken buhar çıkabilsin diye bir soyma bıçağıyla deldiğimde, ne kadar güzel olduğunu fark ettim - açık sarı yeşil, hafif çizgili, marketteki düz sarı olanlardan çok daha güzel.

Mikrodalgada kabak her zamanki gibi tısladı ve buhar çıkardı. Ama yarım saat kadar piştikten sonra ki bu noktada neredeyse pişmiş olmalıydı, büyük bir su birikintisinin içinde durduğunu görünce şaşırdım. Bu garip, diye düşündüm. Çıkarıp nazikçe kestiğimde, kabağımın neden bu kadar güzel göründüğünü anladım - son yarım saati bir kavunu mikrodalgada pişirerek geçirmiştim.

"Ben bir aptalım" dedim kocama. "Bu kadar aptalca bir şey yaptığıma inanamıyorum. Tam da bugün üstelik!"

"Haydi" dedi Will. "Her şey yolunda. Huysuzlanmak seni sadece kötü hissettirecek. Bunun üzerinde durmana gerek yok. O kadar önemli bir şey değil - ve bu cidden komik, değil mi?"

Haklıydı. Yani, kim bir kavunu mikrodalgada pişirir ki? Ve kendimi daha fazla haşlamak ve talihsizliğime yanmak cazip olsa da, bunun kimseye, özellikle de bana hiçbir faydası olmazdı. Bazen tam olarak neyin yanlış gittiğini değerlendirmenin faydası olur, böylece bir dahaki sefere ne yapacağımızı daha iyi biliriz, ancak buna gerek yoktu - bu bir daha asla olmayacaktı.

Hatamın üzerinde durmama gerek yoktu; gerginliğimi bir kenara bırakıp yoluma devam etmem gerekiyordu.

Dikkatimi yapılması gereken şeye çevirdim. Bariz nedenlerden dolayı seçeneklerimi araştırmak için zamanım yoktu. Akşam yemeğine ihtiyacımız vardı ve bu yemeğin ne olduğunun önemi yoktu. Will, çocukları bir yerlerden almak için kapıdan çıkıyordu, bu yüzden akşam yemeğini yapacak kişi bendim. Kileri açtım, başka bir vejetaryen seçenek aradım ama bu, şu anda hissettiğimden daha fazla yaratıcılık gerektiriyordu. Pizza sipariş etmeyi düşündüm ama taco sözü vermiştik ve durum o kadar da kötü görünmüyordu. Zihinsel olarak en az yıpratıcı seçenek, bir koşu markete gitme anlamına gelse de, taco planına sadık kalmaktı. Anahtarları alıp kapıya yöneldim, düpedüz bıkkınlıkla.

Kahkahalar her durumu yatıştırır ve markete giderken bir arkadaşımı aradım ve ona ne yaptığımı anlattım. Histerik bir şekilde güldü, bu da bakış açımı yeniden kazanmama yardımcı oldu. Yirmi dakika sonra (hayal ettiğimden çok daha hızlı), mikrodalgada pişirdiğim kavuna sadece belli belirsiz benzeyen muz sarısı bir spagetti kabağı ile geri döndüm. (Ayrıca fazladan peynir ve kraker de aldım çünkü akşam yemeğinin hazır olmasına daha vardı.)

Arkadaşlarımız geldiğinde onları karşıladık, şarapları doldurduk ve herkesi mutfağa yerleştirdik. Cips, guacamole ve orijinal plandakinden daha dikkate değer bir peynir tahtası çıkardık. Tacolar hazır olunca onları servis ettik. Güzel bir akşamdı. Akşam yemeği servis edildikten sonra arkadaşlarımıza mutfakta yaşadığım talihsizliği anlattığımda hepimiz çok güldük.

İlerlememiz gerektiğini bildiğimizde, bunu tüm benliğimizle, eylemlerimizle ve zihnimizle yapmalıyız. Konuya kafa yorduğumuz sürece, olumsuzu düşünüp dururuz. Kimsenin bunun için zamanı ya da beyninde boş yeri yok.

Debelenmeyin, sallanmayın, devam edin.

Sonraki Adımlar

1. Aklınıza karar verirken "sallandığınız" bir an geliyor mu? Hızlansaydınız durum nasıl farklı olabilirdi?

....

....

....

....

2. Ne zaman iki iyi seçim arasında bir karar vermek zorunda kaldınız? Sonunda nasıl karar verdiniz? Şu anda iki iyi seçenek arasında mı karar veriyorsunuz?

....

....

....

....

3. Ne yapacağınızı bildiğiniz ama bunu yapmak istemediğiniz bir zaman aklınıza geliyor mu? Bu nasıl bir deneyimdi? Nasıl ilerlediniz?

....

....

....

....

4. Küçük hatalar yaptığınızda kendinizi hırpalama eğiliminde misiniz? Neyin yanlış gittiği üzerinde durma eğiliminde misiniz? Bir dahaki sefere küçük bir hata için kendinizi yiyip bitirmeye kalkışırsanız ne yapacağınızı ve kendinize ne söyleyeceğinizi düşünmek için bir dakikanızı ayırın.

....

....

....

....

7

Bahçenize İyi Bakın

"İyi ya da kötü diye bir şey yoktur, düşünmek onu öyle yapar."

William Shakespeare

İyi yaşamayı seven Epikürcü Fransız Jean Anthelme Brillat-Savarin, "Bana ne yediğini söyle, sana ne olduğunu söyleyeyim" diye yazar. Eh, zihniniz söz konusu olduğunda ise, siz düşündüğünüz şeysiniz.

Hayatlarımız, ısrarla düşündüklerimizi yansıtır. Dikkatimizi vermeyi seçtiğimiz yer, çevremizdeki dünyayı deneyimleme şeklimizi ve dönüştüğümüz insanları doğrudan etkiler. Winifred Gallagher'ın mükemmel kitabı *Rapt*'te yazdığı gibi: "Hayatınız, odaklandığınız ve odaklanmadığınız şeylerin yaratımıdır." Gallagher'ın gözlemi zor yoldan kazanılmıştır. *Rapt*, "özellikle kötü, oldukça gelişmiş türden" bir kanser teşhisi ile başlar, ancak Gallagher hastaneden ayrıldıktan sonra bir gerçeği fark eder. Tedavisi sırasında hastalığın onun dikkatini tekeline alması kolay olurdu, ama onun yerine hayatına odaklanmayı seçebilirdi. Ve o yıl hayatının en iyisi olmasa da, en kötüsü de değildi. Odaklanmanın gücü işte budur.

Düşüncelerimizle dünyalarımızı yaratırız. Bu yüzden iki insan aynı şeyi çok farklı şekillerde deneyimleyebilir. Lisedeyken, bir arkadaşım ve ben aynı sömestrde (vermemize gerek olmayan) dört buçuk kilo vermiştik. Beraber spor yaptık ama birimiz dış görünüşe, diğerimiz forma girmeye odaklanmıştık. Ve tesadüfi olmayan şekilde, birimiz süreç boyunca huysuz ve eleştirel biri oldu ve birimiz sakin ve kendinden emin hale geldi. (Size kimin kim olduğunu söylemeyeceğim; bu beni kötü gösterecek.) Eylemlerimiz dışarıdan aynı görünebilir, ancak deneyimlerimiz –nereye odaklanmayı seçtiğimize bağlı olarak– oldukça farklıydı.

Dikkatimizi verdiğimiz şey, içsel deneyimimizden daha fazlasını etkiler, çünkü bu düşünceler sadece kafamızda kalmaz. Düşündüklerimiz, hissettiklerimizi doğrudan etkiler; düşüncelerimiz ve duygularımız birbirinden ayrılamaz. Sadece mutlu, rahat, heyecanlı veya hoşgörülü hissetmeyi seçemeyiz, çünkü bu duygular düşüncelerimize kök salmıştır. Başımıza gelenler genellikle kontrolümüz dışındadır. Ancak olan şey hakkında ne düşündüğümüz, nasıl hissettiğimizi ve daha sonra bu konuda ne yapacağımızı belirler.

Düşüncelerimiz duygularımıza ve eylemlerimize katlanarak aktığından, ne düşündüğümüz önemlidir. Olumlu düşünceler beslediğimizde kendimizi iyi hissederiz; olumsuz düşünceler beslediğimizde kendimizi kötü hissederiz. Düşüncelerimizin doğası, yalnızca deneyimimizin içeriğini değil aynı zamanda yaşam kalitemizi de doğrudan etkiler. Değerlerden bağımsız değildir. İyi hissettiğimizde, daha nazik, daha yaratıcı, daha geniş düşünebilen, olasılıklara daha açık ve etrafında olmanın daha keyifli olduğu biri oluruz. Olumsuzluğa odaklandığımızda, yalnızca kendimizi kötü hissetmekle kalmaz, aynı zamanda kendimizi giderek daha çok gereğinden fazla düşünen insanlar haline getiririz, çünkü olumsuzluk zihinsel döngü devrini teşvik eder.

Olumlu şeyler düşünürsek, olumlu eylemde bulunma olasılığımız daha yüksektir. Bu, istenmeyen şeyler olduğunda sevinmemiz gerektiği anlamına gelmez, ancak bir durum hakkında düşünmenin yararlı ve yararsız yolları olduğu anlamına gelir. Olumsuz şeyler düşünürsek, tatmin edici eylemlerde bulunma olasılığımız azalır.

Ne Hakkında Düşündüğünüzü Seçebilirsiniz

İşte önemli olan şey şudur: Ne hakkında düşündüğünüzü seçebilirsiniz! On beş yıl önce filozof ve teolog Dallas Willard tarafından yazılmış olan *Renovation of the Heart*'ı (Kalbin Yenilenmesi) ilk okuduğumda bu ilham vericiydi. Kitapta Willard şöyle yazıyor: "Ne hissettiğimiz ve düşündüğümüz, çok büyük ölçüde, zihinlerinin neye kafa yormasına veya ne hissetmesine izin verme konusunda çok dikkatli olacak yetkin yetişkin kişilerde bir seçim meselesidir (veya olabilir ve olmalıdır)." Bu bir seçim gibi gelmeyebilir, ancak hem kutsal hem de laik kaynaklar, ne hissettiğimizi ve düşündüğümüzü tam olarak kontrol edemesek de, sandığımızdan daha fazla güce sahip olduğumuz konusunda hemfikirdir.

Ve bunu sadece yapmakla kalmayıp, fazla düşünmek için daha az zaman harcamak ve bizim için önemli olan şeyler hakkında düşünmek için daha fazla zaman harcamak istiyorsak, düşüncelerimizle özenle ilgilenmeyi öğrenmeliyiz. Bunun için ilk kez Gallagher'ın *Rapt* kitabında karşılaştığım bir metaforu benimsedim. Zihninize "özel bir bahçeymiş gibi davranmanızı ve oraya ne ektiğiniz ve orada neyin büyümesine izin verdiğiniz konusunda mümkün olduğunca dikkatli olmanızı" tavsiye ediyor. Kendi bahçelerimize bakmayı öğrenmeliyiz.

Birçoğumuz, düşüncelerimizin yaşamlarımız üzerindeki büyük etkisinin farkında olmadığımız için, yetiştirdiğimiz bahçeye fazla önem vermiyoruz. Bu bir hatadır. Dikkat güçlüdür ve kendimizinkini iyi ya da kötü için kullanabiliriz. Düşüncelerimiz müttefiklerimiz veya düşmanlarımız olabilir. Korkularımıza, endişelerimize, başkalarının bize nasıl haksızlık yaptığına odaklanabiliriz. Gerçek anlamda mükemmeliyetçi bir tarzda, çuvalladığımız küçük şeylere, hangi şekillerde yetersiz kaldığımıza odaklanabiliriz. Hoş olmayan konuşmaları ve talihsiz durumları zihnimizde tekrar tekrar canlandırabiliriz. Düşüncelerimiz duygularımızı yönlendirdiği için oldukça iyi bir hayatımız olsa da yine de mutsuz hissedebiliriz. Veya Gallagher ve diğer pek çoklarının keşfettiği gibi, hoş olmayan durumlarla karşılaşabilir ve yine de huzur ve neşe yaşayabiliriz. Her şey neye odaklanmayı seçtiğimize bağlıdır.

John Milton, "Zihin kendi yeridir ve kendi içinde/Cehennemden bir cennet, bir cennetten bir cehennem yaratabilir" diye yazar. Düşüncelerimizi özenle seçerek, gerçekten zaman geçirmek istediğimiz bir bahçe yetiştirebiliriz.

Beyniniz Kötü Şeylere Takılıp Kalırsa Ne Yapmalısınız?

Harika, diye düşünüyor olabilirsiniz. *Düşüncelerimi özenle seçmeye çalışıyorum ve pek işe yaramıyor.* Beynimiz fazla düşünme döngüsünde sıkışıp kaldığı için düşüncelerimizi seçemediğimizi hissettiğimizde ve nasıl kurtulacağımızı bilmediğimizde ne yapmalıyız?

Bu kitapta, fazla düşünmeyi genel olarak tanımladık – kendimizi kötü hissetmemize neden olurken hiçbir faydası da olmayan, tekrarlayan, sağlıksız ve yararsız düşünceler olarak. Şimdi, geviş getirme (uzun uzun düşünme, ruminasyon) adı verilen özel bir fazla düşünme türü üzerinde duracağız, çünkü bu tekrarlayıcı düşünme, inekler gibi geviş getiren hayvanlar olarak sınıflandırılan ve gıdalarını sindirime yardımcı olmak için yeniden çiğneyen hayvanların sindirim sürecine benzer. Geviş getirme büyükbaş hayvanlar için iyi olabilir, ama bizim için değersiz meseleler üzerinde uzun uzun düşünmekten hiçbir yarar gelmez. Bunun yerine, uzun uzun düşünme odağımızı ele geçirir ve bizi perişan eder. Uzun uzadıya düşündüğümüzde beynimizi kapatamayız. Düşüncelerimiz beynimizde dönüp durur; kendimizi tekerlekteki hamster gibi kapana kısılmış hissederiz. Bu olumsuz düşünceler ve bunun sonucunda ortaya çıkan duygular, hem net düşünme yeteneğimize hem de genel olarak mutluluğumuza (esenliğimize) zarar verir.

Uzun uzadıya düşündüğümüzde, sorunlarımıza yararsız bir şekilde odaklanırız. Sorunlarımızı *çözmeye* odaklansaydık, bunun bize faydası olurdu. Ama geviş getirdiğimizde (derin derin düşündüğümüzde), yaptığımız şey bu değildir. Çözüm aramadan sorunun üzerinden tekrar tekrar geçeriz. Ve olumsuz şeyler düşündüğümüzde, kötü duygular hissederiz. Bu nedenle uzun uzun düşünüp taşınmak ölümcüldür; nasıl hissettiğimizi ve ardından ne yaptığımızı etkiler.

Ruminasyon (derin derin düşünme), sadece sorunlarımızı çözmemizi engellemekle kalmaz, aynı zamanda kendi sorunlarını da yaratır. Derin düşüncelere daldığımızda, elimizdeki konuyla orantısız oranda endişe ve anksiyete yaratırız ve o zaman fazla düşünmemizi bile fazla düşünmeye başlayabiliriz. En kötü yanı, bu içsel ıstırabın çoğunun tamamen gereksiz olmasıdır.

Başıboş bırakılırsa, durum zamanla daha da kötüleşir. Ne kadar çok düşünürsek, o düşünce kalıplarını o kadar çok pekiştiririz, bu da kendimizi kurtarmamızı çok daha zorlaştırır. Onlarca yıldır fazla düşünüyorsak, karahindiba tohumlarını bahçemizin her yerine etkili bir şekilde üflüyor ve ardından yabani otları gübreliyoruzdur.

Bu şekilde olmak zorunda değil. Değişim mümkündür; olumlu düşünce alışkanlıklarını pekiştirmeyi öğrenebiliriz. Dikkatimizi daha iyi kontrol etmeyi öğrenebiliriz, ancak bunu yapmak için denememiz gerekebilir.

Fazla Düşünmeyi Olduğu Anda Durdurma Stratejileri

Bir ömür boyu süren fazla düşünmenin üstesinden nasıl gelirsiniz? Düşüncelerinizi daha verimli yollara yönlendirmeyi nasıl öğrenebilirsiniz? Bu düşünceler ortaya çıktığında ne yapacağınıza dair bir plan yapın – çünkü bunlar mutlaka ortaya çıkacaktır. Ruminasyonu gerçekleştiğinde kesintiye uğratmak, olumsuz düşünceleri yok etmek ve fazla düşünmeye son vermek için stratejilere ihtiyacınız var. Zamanla, hangi düşünceleri ayıklayıp hangilerini gübreleyeceğiniz konusunda akıllı kararlar vermeyi öğreneceksiniz. Bilinçli olarak yeni nöral yollar yaratırken, o anda fazla düşünmeyi bırakmak için daha donanımlı olacak ve aynı zamanda daha az miktarda fazla düşünen biri haline geleceksiniz. Ve bu gerçekten iyi hissettirir.

Uzun süredir özenle yetiştirdiğiniz fazla düşünmeye bir son vermek kolay olmayacak, ancak zamanla dikkatinizi yönlendirme yeteneğiniz güçlenecek. Düşünceleriniz ve sonuç olarak duygularınız ve eylemleriniz üzerindeki kontrolü yeniden kazanmaya başlayacaksınız. Bu stratejiler, yeni ve daha sağlıklı düşünce kalıplarını güçlendirerek, beyninizi tam anlamıyla yeniden yapılandırır. Bu hızlı ve kestirme bir çözüm değildir; fazla düşünmeyi uykuya yatırmak zor iştir. Yıllardır bunun üzerinde çalışıyorum ve hâlâ kendimi fazla düşünürken buluyorum. Ancak bu stratejiler nedeniyle, ortaya çıktıklarında olumsuz düşüncelerle başa çıkmak için kendimi donanımlı hissediyorum.

İlki dışında, bu stratejilerin sırayla kullanılmasına gerek yoktur; deneyip hangisinin sizin için en uygun olduğunu görmekten çekinmeyin.

Düşüncelerinize Dikkat Edin

Ne yaptığınızı fark edene kadar hiçbir şeyi değiştiremezsiniz, bu nedenle ilk adım, ne düşündüğünüzü gözlemlemektir. Odağınızı alışkanlıkla nereye yönlendirirsiniz? Zihniniz herhangi bir durumda olumsuzu otomatik olarak fark eder mi? Hangi konular üzerinde gereksiz yere duruyorsunuz?

Hem yüksek sesle hem de kafanızın içinde kendinize ne söylediğiniz de dahil olmak üzere, düşüncelerinize dikkat edin. Hiç kimse sürekli olumsuzluk saçan birinin etrafında olmaktan hoşlanmaz ve bu, düşüncelerinizle baş başa olduğunuzda da geçerlidir.

İşte yazma hayatından bir örnek. Bazen (çoğu zaman) yazmak zordur. Sürecin ne kadar zor olduğu konusunda cesaretim kırıldığında, en sevdiğim kitaplardan biri olan *Crossing to Safety*'den (Güvenli Olana Geçiş) şu satırı hatırlamayı alışkanlık haline getirdim: "Zor yazma okumayı kolaylaştırır." Bu basit mantra bana sürecin zor olmasının sorun olmadığını ve çok çalışmaya devam edersem sonunda iyi biteceğini hatırlatıyor. Kendimle yaptığım bu olumlu konuşma, cesur davranmama yardımcı oluyor ve sürecin ne kadar zor olduğuna odaklanarak zihinsel enerjimi boşa harcamak yerine işe geri dönmemi sağlıyor.

İyiyi Arayın

Uzun uzun düşündüğünüzde, beyniniz olumsuz bir düşünce sarmalına saplanır. Negatifle ilgilenmeye başladıktan sonra, bunu yapmaya devam etmek kolaydır. Ancak ne yaptığınızı fark ederseniz, olumlu bir açıklama arayarak uzun uzadıya düşünmeyi kesintiye uğratabilirsiniz. Ve proaktif olarak iyiye odaklanarak, uzun uzadıya düşünmekten tamamen kaçınabilirsiniz, çünkü sabit bir odaklanma az miktarda kesintiyi barındırır.

Ünlü evlilik danışmanı, araştırmacı ve terapist olan John Gottman'ı, bir çiftin sadece beş dakika boyunca konuşmalarını gözlemledikten sonra boşanıp boşanmayacaklarını şaşırtıcı bir doğrulukla tahmin etme yeteneği ile tanınan John Gottman'ı duymuş olabilirsiniz. O, çiftlerin, birbirleri hakkında sevdikleri ve takdir ettikleri şeyleri fark edip bilinçli olarak paylaşmayı öğrenmelerinin ve bunu kasıtlı ve tutarlı yollarla yapmalarının önemli olduğunu söylüyor. Bu kulağa basit geliyor, ancak iyiyi arama alıştırmasının muazzam bir gücü vardır ve bu sadece romantik ilişkilerde değil – çünkü aktif olarak iyiyi aramadığınız sürece, o sizin bilinçli dikkatinizden kaçabilir. Olumlu olanı takdir etmek için kendinizi eğitin.

İyiyi aramanın bir başka yolu da minnettarlığı uygulamaktır. Düzenli bir şükran pratiği, fazla düşünmek konusunda harikalar yaratır, çünkü odağınızı kendinizden uzaklaştırır ve dışa doğru yönlendirir. Minnettarlık, dikkatinizi, eksik olduğunuz şeyler veya sizin (veya başkalarının) yetersiz kaldığı şeyler yerine, otomatik olarak iyi şeylere yönlendirir. Ayrıca bunun yanında, minnettar düşünceler sizi mutlu hissettirir. Gottman'ın kuruluşu Gottman Enstitüsü, minnettarlığı bir alışkanlık haline getirmek için, telefonunuza minnettar olduğunuz bir şeyi söylemenizi hatırlatan bir anımsatıcı ayarlamanızı önerir. Sonunda, zihniniz bunu bir alışkanlık haline getirecek ve hatırlatmaya gerek kalmadan iyiyi aramaya başlayacaktır. Ve minnettar hissetmek için daha fazla zaman harcadığınızda, düşünmek için daha az zaman harcarsınız.

Ayrıca bakış açınızı değiştirmek için de iyiyi arayabilirsiniz. Araba sürerken sıklıkla bu stratejiye güvenirim, çünkü diğer sürücülerin direksiyon başında verdiği şüpheli kararlar için olumsuz niyetler varsaymak çok kolay olurdu. Biri kırmızı ışıkta geçtiğinde her zaman yüksek sesle "Belki arka koltukta doğum yapan bir kadın vardır" derim. Çocuklarım, "Anne, gerçekten mi?" diyerek bu konuda benimle dalga geçiyorlar. Ama umurumda değil. Kendime, sürücünün iyi bir nedenden dolayı acelesi olabileceğini söylemek, sinirlenmek yerine nazik kalmama yardımcı oluyor. Bu, yoldaki aptallar hakkında gevezelik etmek yerine nazik ve şefkatli bir insan (ve dikkatli bir sürücü) olmaya odaklanmamı sağlıyor. Hayatta başınıza ne geldiğini kontrol edemezsiniz, ancak olayları nasıl yorumlamayı seçtiğinizi kontrol edebilirsiniz. Olumlu bir açıklama aramayı seçtiğimde, faydasızca kötü düşünceler üzerinde durmak yerine iyi düşünceleri besliyorum.

Farklı Bir Bakış Açısını Göz Önünde Bulundurun

Beyniniz bir şeyin olumsuz bir açıklamasına takıldığında, örneğin arkadaşınız sizinle konuşmak istemediği için toplantıdan erken ayrıldı, herkes size garip bakışlar atıyor çünkü dişlerinizde ruj izi var, patronunuz sizi aradı çünkü sizin iş performansınızdan memnun değil – tarafsız kalmak zordur. Ve tarafsızlığı kaybettiğinizde, doğrudan olumsuza yönelir ve orada kalırsınız.

Beyniniz sıkışıp kaldığında, bilinçli olarak kendinize farklı bir bakış açısını düşünmeyi hatırlatabilirsiniz. Bu yaratıcılık alıştırması sizi kendi kafanızdan çıkmaya zorlar ve biraz mesafe ile kendi durumunuzu daha tarafsız olarak görebilir ve ilk akla gelen düşüncenin gücünü azaltabilirsiniz. Tarafsız bir açıklama bile olumsuz bir açıklamadan çok daha iyidir.

Alternatif açıklamanız harika olmak zorunda değil. Burada güç, basitçe başka bir bakış açısını göz önünde bulundurmaktan gelir, çünkü düşüncelerinizi üzerinde bulundukları olumsuz rotadan çıkmaya zorlar. Ya arkadaşınız dişçi randevusu olduğu için toplantıdan erken çıktıysa? Ya insanlar hâlâ tatilde olduğunuzu düşündükleri için toplantıda sizi gördüklerine şaşırmışlarsa? Patronunuz sizi masanıza bir dosya bıraktığınız için aradıysa?

Olumlu, hatta tarafsız bir açıklama bulmak için çabalarken, düşüncelerimi tekrar rayına oturtmama sürekli olarak yardımcı olan iki soruya yönelirim.

1. En iyi arkadaşım bu durumda olsaydı ona ne söylerdim? Bir başkasına tavsiyede bulunduğunuzu hayal ettiğinizde, otomatik olarak durumu daha objektif olarak görürsünüz.

2. Beğenseydim bununla ilgili neyi beğenirdim? Ya da bunun iyi olduğunu düşünseydim, burada neyin iyi olduğunu düşünürdüm? Örneğin: "Bu toplantının başarılı olduğunu düşünseydim, bunun için hangi sebepleri gösterirdim?" veya "O konuşmanın iyi gittiğini düşünseydim, neden böyle düşünürdüm?"

Bu sorular etkilidir çünkü bu sorular kendi içgüdüsel deneyiminizle aranıza gerekli mesafeyi koyar ve başka bir açıklama bulma yaratıcı alıştırmasına katılmanız için sizi zorlar.

Şimdilik Boş Verin

Bu numarayı yoga eğitmeni bir arkadaşımdan öğrendim: Eğer (ya da belki ne zaman demeliyim) yararsız düşünceler ortaya çıkarsa, onları beslemek zorunda değilsiniz. Zihninizin tehlikeli bir yöne sürüklendiğini fark ettiğinizde, bu düşüncelere "Şimdi değil" deyin ve onları bir kenara süpürün. Arkadaşım, kazağımdaki tüyleri fırçalıyormuşum gibi onları fırçaladığımı hayal etmemi önerdi.

İşte mütevazı bir örnek: Yazarken, *"Bu tam bir saçmalık!"* ya da *"Ne yaptığını bildiğinden emin misin?"* gibi şeyler söyleyen uçuşan düşüncelerim olur. Eskiden bu düşüncelere takılır ve onlarla boğuşurdum. Ama bunun hiçbir şeye faydası olmazdı; bunun yerine dikkatimi ait olduğu yerden uzaklaştırırdı ve kendimi kötü hissettirirdi. Şimdi, bu düşüncelerin uçuştuğunu fark ettiğimde, onları boş verip kendime onların şu anda bir önemi olmadığını söylüyorum. O zaman dikkatimi yeniden önemli olan şeye odaklayabilirim: Gerçekten yazmaya.

Tabii ki bu düşünceleri yakalamayı, kendime yaklaştırmayı ve beslemeyi seçersem, tamamen farklı bir deneyim yaşardım – ve bu iyi bir deneyim olmazdı.

Arkadaşım Beth, iş hayatım için bana benzer bir tavsiye verdi. Benim işimde, yaratıcı planlama ve hazırlıktan oluşan yavaş dönemler, daha yoğun uygulama dönemleriyle yer değiştirir. Uygulama dönemlerinde, büyük resim hakkında derinlemesine düşünmeye değil, halihazırda yapmış olduğum planları uygulamaya odaklanırım – ama bu beni, gerek işimin genel durumuyla veya devam eden bir projenin daha ince ayrıntılarıyla ilgili olsun, ele alınması gereken sorunları fark etmekten alıkoymaz. Beth bana büyük kararlar verme zamanının planlama ve hazırlık yaptığım zaman olduğunu öğretti. Ve ben bu planları uygulamakla meşgulken, o zaman uygulamaya ayrılmalıdır. Şimdi, uygulamaya adanmış bir dönemde büyük bir karar kendini gösterdiğinde, Beth'in bana öğrettiği şeyi yapıyorum: Kendime, *"Karar modu değil, yürütme modu"* diyorum, daha sonra ele alınacak fikri onunla sonradan ilgilenmek üzere yakalıyor ve devam ediyorum. Zamanı geldiğinde bu fikre geri döneceğime güvenmek o anda ilerlememe yardımcı oluyor.

Geçersiz veya Yararsız Düşünceleri Yok Sayın

Almost Everything'de (Neredeyse Her Şey) Anne Lamott, araya giren düşüncelerle süregelen mücadelesini ve bunlarla başa çıkmasına yardımcı olan üç kelimeyi yazıyor. Bir keresinde, kibar bir Kıpti papazla birlikte Kuzey Afrika'da bir uçurumdaydı ve bu utanç verici itirafı yapmak zorunda kaldı: "Psikiyatrıma, yüksek bir yerdeyken her kiminle birlikte olursam olayım, ona çocukluğumdan beri, ne zaman çok çok yüksekte olsam, atlamayı düşündüğümü anlatacağıma söz verdim."

Papaz hakkında Lamott şöyle diyor: "Bir an bile tereddüt etmedi. Endişemi bir el hareketiyle kovarak şöyle dedi: 'Ah, kim düşünmez ki?'"

Lamott, yanıtının kesinlikle doğru olduğunu söylüyor. Bu onu daha iyi hissettirdi ve söylediği doğruydu. Lamott, depresyonda veya intihara meyilli olmadığını, ancak yine de bazen bu hoş olmayan düşüncelerin aklına geldiğini açıklıyor. Papazın yanıtı, bu düşünceleri bir kenara atması için onu güçlendirdi.

Çoğumuzun zaman zaman buna benzer müdahaleci düşünceleri, bilinçli olarak yaratmadığımız ve gerçek düşüncelerimizi ve duygularımızı temsil etmeyen fikirleri vardır. Dr. Sally N. Winston ve Dr. Martin N. Seif, *Overcoming Unwanted Intrusive Thoughts* (Müdahaleci Düşüncelerin Üstesinden Gelmek) adlı mükemmel kitaplarında, istenmeyen davetsiz düşünceleri "zihne sıçrayan ve devam eden kasıtlı düşünme akışının bir parçası gibi görünmeyen davetsiz düşünceler" olarak tanımlarlar. Lamott'un yüksek yerlerden atlama düşünceleri gibi, istenmeyen bir müdahaleci düşünceniz varsa, hayatınızın ısrarla düşündüğünüz şeyi yansıttığını bilerek endişe duyabilirsiniz. Kafanızdan geçen her düşüncenin temel karakterinize hitap etmediğinden emin olabilirsiniz. Tüm düşüncelerinize eşit ağırlık vermek bir hatadır. Bazı düşünceler ciddiye alınmayı hak etmezler, bu yüzden onları bir yanıtla yüceltmeyin. Bu sadece onları güçlendirmeye yarar, çünkü istenmeyen müdahaleci düşünceyle savaşmak için harcadığınız çaba sadece onu güçlendirmeye yarar. "Basit gerçek şu ki direndiğiniz şey kalıcı olma eğilimindedir."

Bu istenmeyen düşünceleri beslemeyi seçmek yerine, onları fark etmeyi seçin ve uçup gitmelerine izin verin.

Fazla Düşünme Zamanını Planlayın

Beyin güvenebileceği bir sisteme sahip olmayı sever, o yüzden ona bunu verin. Johnny Cash, mükemmel şekilde, kişisel yapılacaklar listesine endişeyi dahil etti ("Çiş" ve "Anneni ara" ile birlikte). Aptalca geliyor, ama bu sezgilere aykırı strateji gerçekten işe yarıyor. Her gün endişelenmek veya fazla düşünmek için zaman ayırırsanız, beyninizin gün boyunca bu düşüncelerle sizi rahatsız etmesi daha az olasıdır.

13 Things Mentally Strong Women Don't Do (Zihinsel Olarak Güçlü Kadınların Yapmadığı 13 Şey) kitabında terapist Amy Morin, terapi danışanlarının çoğunun bu çok tavsiye edilen stratejiyi etkili bulduğunu belirtiyor. "Endişe verici düşüncelerinin uyanık oldukları her saati etkilemesine izin vermek yerine, yeterli şekilde endişelerini günün belirli bir bölümünde tutabildiklerini görüyorlar."

Fazla düşünmek için zamanı planladığınızda, yirmi üç saat kırk beş dakikalık rahatlama için on beş dakikalık yoğun fazla düşünmeyi takas edebilirsiniz. Sınırlı bir süreliğine bu düşünceleri şımartmak için kendinize izin verin ve bu düşüncelerin günün geri kalanına dağılmaması için başladığınızda bir zamanlayıcı ayarlayın. Bu, karahindibaların tüm bahçeyi ele geçirmesini engeller.

Bir Yere Yazın

Bir şeyleri zihninizde gerçekte olduğundan çok daha büyük olacak şekilde kurmak kolaydır. Bazen kendimi tamamen bunalmış hissettiğimi fark ederim çünkü yapacak çok işim varmış gibi görünür, ancak dönüp duran düşüncelerimi –daha da iyisi, eylem öğelerimi– kâğıda döktüğümde o kadar da kötü görünmezler.

Bu strateji işe yarar çünkü hantal düşüncelerimizi daha yönetilebilir bir biçime sokmamıza izin verir, bu da nesnelliğimizi geri kazandırır. Bu eski bir tavsiyedir, ancak faydalı olmaya devam ediyor. Pek çok şey yazıldıktan sonra o kadar yıldırıcı gelmez çünkü yazma eylemi bizi gerçekte neler olduğunu ve bu konuda ne yapmamız gerektiğini netleştirmeye zorlar.

Birçok kişi yazmayı yararlı bir araç olarak görür, ancak dikkatli olun. Morin, günlük tutmayı uzun uzadıya düşünmeye meyilli olanlar için "alışılagelmiş bir tuzak" olarak adlandırıyor. Şöyle yazıyor: "Fazla düşünenler için günlük tutmak geri tepebilir. Başınıza gelen kötü şeyler, endişelendiğiniz şeyler veya yaşadığınız rahatsız edici duygular hakkında yazarsanız, günlüğünüz olumsuz düşüncelerinizi pekiştirebilir." Bu sizin için de böyleyse, Morin'in günlük tutma seanslarınız için tavsiyesi, onları çevreleyen duygular üzerinde durmak yerine gerçeklere bağlı kalmanızdır.

Olumsuz düşüncelerinizi yazıp, kâğıdı yırtarak ve parçalarını atarak bunu bir adım daha ileri götürebilirsiniz. Eski bir koçum, antrenmanlarımıza başlamadan önce takımımıza bu egzersizi yaptırmıştı. Olumsuz düşüncelerimizi kâğıda yazar, onları buruşturup top gibi yapar ve fiziksel olarak çöp kutusuna atardık. O zamanlar şüpheciydim, ancak bilim, koçumun tarafındaydı, çünkü sembolik eylem beyninizi sorunun halledildiğine ikna ediyor gibi görünüyor.

Dikkatinizi Dağıtın

Çocukça göründüğü için dikkatin dağılmasını önemsemeyebiliriz. Zihninizi onlardan uzaklaşmaya teşvik etmek yerine, olumsuz düşünceleri doğrudan reddetmeniz gerekmez mi? Cevap hayır. Eğer strateji sizi fazla düşünmekten alıkoyuyorsa, o zaman etkilidir. Ve dikkat dağıtma işe yarıyor.

Bunu canınız bir şey çektiğinde, bunu atlatmak gibi düşünün. Araştırmalar, ortalama yiyecek isteğinin sadece üç ila beş dakika sürdüğünü gösteriyor. Kısa bir süre için bu isteği önleyebilirseniz, tetikleyici yiyecek genellikle birkaç dakika sonra cazip görünmez. Aynı şey fazla düşünmek için de geçerlidir. Nolen-Hoeksema şöyle yazıyor: "İnsanları fazla düşünmelerinden sadece sekiz dakika boyunca olumlu oyalamalarla uzaklaştırmak, ruh hallerini yükseltmede ve tekrarlayan düşünce döngüsünü kırmada oldukça etkilidir."

Dikkat dağıtma işe yarar çünkü zihin aynı anda ancak belli adette şeyi yapabilir, bu nedenle olumsuz düşünceler sizi çağırdığında, zihninizi meşgul etmenin başka bir yolunu bulun. Bir kitap okuyun, bir arkadaşınızı arayın, bir fatura ödeyin, sekiz dakika Tetris oynayın.

Zihninizi Hareket Ettirmek İçin Vücudunuzu Hareket Ettirin

En etkili dikkat dağıtıcı şeylerden biri vücudunuzu fiziksel olarak hareket ettirmektir. Zihninizde olup biteni değiştirmek için, mekân değişikliği tam anlamıyla bakış açınızı değiştirir. Nolen-Hoeksema, uzun süreli hareketin size sadece odaklanacak başka bir şey vermekle kalmayıp, aynı zamanda enerji seviyelerini yükselttiğini, stresi azalttığını, beyne kan pompaladığını ve ruh halini iyileştirdiğini keşfetmiştir. Maksimum etkinlik için, yaptığınız şeye konsantre olmanızı gerektiren bir egzersiz seçin. Örneğin, uzun mesafe koşucusu tanıdık kaldırımlarda hareket ederken kolayca fazla düşünebilir, ancak koşu parkurları zihinsel olarak daha zordur ve bu nedenle fazla düşünmeyi engellemek için daha iyidir.

Yirmi dakikalık bir egzersiz seansı en etkilisi olabilir, ancak bunun sizi küçük dozları keşfetmekten alıkoymasına izin vermeyin. Beyniniz çıkmazdayken, vücudunuzu hareket ettirmeyi deneyin – köpeği gezdirin, çöpü dışarı çıkarın, zıplama veya çömelme hareketleri yapın, mutfağı temizleyin, yaprakları tırmıklayın, merdivenleri çıkın, sevdiğiniz bir şarkıyla dans edin. Çıkmazdan kurtulmak için harekete geçin.

Düşüncelerinizi Denetim Altına Alabilirsiniz

Zihninizin ne üzerinde uzun uzadıya düşündüğünü tam olarak kontrol edemeseniz de, düşüncelerinizi seçme konusunda büyük bir özgürlüğe sahipsiniz ve bu kontrol, siz yeni zihinsel alışkanlıklar ve sinirsel yollar kurdukça pratikle daha da güçlenecektir. Düşüncelerinizi denetim altına almak kolay değildir ve sonuçlara ulaşmak zaman alabilir. Ancak bu mümkündür ve buna değer.

Bu olumsuz düşüncelerin ortaya çıkacağı zaman için bir plan yapın. Düşüncelerinize dikkat ederek başlayın. Bu hafta neye odaklandınız? Hangi konular sizi uzun uzadıya düşünmeye sevk etti? Bu konuda bir şeyler yapmak için hangi stratejileri kullanacaksınız?

Olumsuz düşüncelerinizin insafına kalmanıza gerek yok. Bu bölümden size umut verici görünen birkaç strateji seçin ve uzun uzadıya düşünme tekrar başladığında yeni bir şey deneyin ve ne olduğunu görün.

Sonraki Adımlar

1. Düşüncelerinize dikkat ettiğinizde ne fark ediyorsunuz? Odağınızı alışkanlıkla nereye yönlendirirsiniz? Sizi fazla düşünme döngüsüne yollayan nedir?

....

....

....

2. Düzenli bir şükran pratiği, fazla düşünme konusunda harikalar yaratır. Minnettar olduğunuz üç şeyi listelemek için bir an durun.

....

....

....

3. Şu anda sizi rahatsız eden bir durum düşünebiliyor musunuz? En yakın arkadaşınız bu durumda olsa ona ne yapmasını söylerdiniz?

....

....

....

4. Bu bölümde güvendiğim iki mantrayı paylaşıyorum: "Zor yazma okumayı kolaylaştırır" ve "Karar modu değil, yürütme modu." Güvendiğiniz mantralarınız var mı? Benimsemek istediğiniz mantralar aklınıza geliyor mu?

....

....

....

5. Olumsuz düşünceler ortaya çıktığında planınız nedir? Bu gerçekleştiğinde hangi stratejileri deneyeceksiniz? Onları burada listeleyin.

....

....

....

8

Kendinizi Özgürleştirmek İçin Kendinizi Sınırlayın

Zamanın kişinin fiziksel görünümünü değiştirmesi gibi, alışkanlıklar da yavaş yavaş kişinin yaşamını değiştirir ve kimse bunu bilmez.

Virginia Woolf

Kasvetli bir kış, arkadaşım Lori sabahın altısında onunla baledeki bar aletiyle egzersiz dersine katılmak için beni ikna etti. Şafaktan çok önce dondurucu derecede soğuk sabahlarda kendimi yataktan çıkarmak zorunda kalmama rağmen, rutine çabucak alıştım ve bundan ne kadar keyif aldığıma şaşırdım.

Sabah 06.00'daki ekipte, ders bittiğinde duş almaları, üstlerini değiştirmeleri ve işe gitmeleri gerektiği için kapıdan dışarı koşan çok sayıda insan vardı. Öte yandan, benim sabah 08.00'e kadar nadiren kendime çekidüzen vermiş görünmem gerekir. Çoğu gün canım öyle istiyorsa yoga pantolonu ve hatta pijamamla çalışabilirdim. Daha sonra orada oyalanmıyordum, ama acelem de yoktu.

Dersin en sevdiğim kısmı, sonundaki soğuma kısmıydı. Germe ve nefes çalışmasından keyif alıyordum ve buna ihtiyacım vardı; bunlar hem esneklik hem de önümdeki güne odaklanmak için iyidir. Ancak soğuma ile ilgili bir şey sürekli olarak beni endişelendiriyordu. Dersin son dakikalarında eğitmen herkese, eğer beş dakika erken ayrılmamız gerekirse endişelenmememizi, bunu yapabileceğimizi söylerdi. Oraya gelmiş, zor kısmı yapmıştık ve şimdi kapıdan çıkıp günümüze devam etmemizde sorun yoktu.

İyi niyetliydi, ama bizim için ne işe yarıyorsa onu yapmamız için gösterdiği nazik teşvik, her zaman zihinsel dişlilerimi çalıştırıyordu. *Yapmalı mıyım, yapmamalı mıyım?* Nefes alıp vermemizin ve esnememizin ortasında, eğitmen başka seçeneğin olmadığı bir seçenek sunmuştu. *Kes şunu*, derdim kendime. *Zamanım var.* Ama yine de davetini çekici buldum. Her zaman fazladan birkaç dakika çalmaya hevesliydim ve o bunu teklif ediyordu. Neden acele edip o zamanı listemdeki bir sonraki şey için kullanmıyorum? Bu yüzden hâlâ gerinmeye devam ederek sırtüstü uzanıyordum, ama şimdi nefesim yerine kapıya odaklanıyordum, erken ayrılma teklifini kabul eden insanları kıskanarak ve onlardan biri olsaydım daha mı iyi olacağını düşünerek.

Eğitmen bana bir seçenek sunarken onun teklifini kabul etmem, hatta düşünmem bile gerekmediğini fark ettiğim gün her şey değişti. *Fazla düşünme Anne*, dedim kendi kendime. *Zaten burada olmaya karar verdin. Öyleyse burada ol.*

Ve böylece karar verme baskısı ortadan kalktı.

Seçeneklerinizi Sınırlamak Neden Önemli?

Bir antrenmanı birkaç dakika kısa kesmeye karar vermek küçük bir şeydir, ancak bu küçük kararlar üst üste birikir. Gün boyunca verdiğimiz her karar, sınırlı miktardaki zihinsel enerjimize zarar verir – kahvaltıda ne yemeli, işe hangi yoldan gitmeli, zorlu bir konuşmayı nasıl halletmeli, indirim bitmeden yeni kot pantolon almalı mı almamalı mı, çocuğumuz cuma günü antrenmandan eve nasıl dönecek? Her küçük karar, yalnızca biraz beyin gücü gerektirir, ancak kümülatif etki büyüktür.

Ne kadar çok seçenekle karşılaşırsak, karar yorgunluğuna –karar üstüne karar vermekten yorulan, seçme yeteneğimizin çalışamaz hale geldiği duruma– yenik düşme olasılığımız artar. Tetikte olmadıkça, bilinçli olarak karar yorgunluğunun içeri sızdığını fark etmeyebiliriz. Fiziksel olarak yorgun olduğumuzda, bunu biliriz – ne zaman uykumuzu alamadığımızı veya zorlu bir antrenman yüzünden yıprandığımızı anlayabiliriz çünkü bunu bizim vücutlarımızda hissederiz. Ancak karar yorgunluğu sinsidir. Belirli bir şekilde özellikle yorgun hissetmek yerine, bunalmış hissederiz.

Karar yorgunluğundan kaçınmak için, zihinsel enerjimizi bir bütçeymiş veya daha uygun bir şekilde günlük yevmiyeymiş gibi düşünmemiz faydalı olur. Bedel ödemeden karar üstüne karar veremeyiz. Bir günde ne kadar çok karar verirsek, zaman içinde kararlarımızın kalitesi o kadar kötü olacaktır. Onlarla başa çıkmak için zihinsel kapasitemiz aşınır ve fazla düşünmeye başlarız. Tersine, ne kadar çok kararı elersek, gün boyunca karar verme kapasitemizi o kadar uzun süre elimizde tutarız.

Gün boyu kararlarımızı fazla düşündüğümüzde, daha fazla zihinsel enerji tüketiriz ve daha erken karar yorgunluğu yaşarız. Ve bir kez bunalmış hissettiğimizde, düşüncelerimizi kontrol altına almak daha zor olur. Daha önce gördüğümüz gibi, bu bir kısırdöngüdür.

Zihinsel yabani otlardan uzak durmak için, kararları düzene sokarak ve rutinler oluşturarak düzenli olarak harcadığınız zihinsel enerjiyi bilinçli olarak azaltarak kendi zihinsel koruma planınızı uygulayabilirsiniz. Kendi hayatının "tekrardan ibaret" olduğunu söyleyen koreograf Twyla Tharp, bu önceden belirlenmiş, tekrarlanabilir rutinleri "otomatik ama sonuca götüren davranış kalıpları" olarak adlandırıyor. Onların güzel tarafı, size daha az düşünecek şey vererek, önemli şeyleri halletmenizi kolaylaştırmalarıdır.

Birçoğumuz rutine direniyoruz çünkü sınırlayıcı veya sıkıcı geliyor. Bunu anlayabilirim, çünkü içgüdüsel olarak bol seçeneği ve açık bir takvimi düzenli bir programa tercih ederim. Ama sıkıcı olmak kötü bir şey olmak zorunda değil. Tahmin edilebilirlik tam olarak ihtiyacımız olan şey olabilir, çünkü rutinin amacı bizi sınırlamak değil, zihinsel dağınıklığı ortadan kaldırmaktır. Mason Currey, *Daily Rituals* (Günlük Ritüeller) adlı kitabında 243 ünlü sanatçının çalışma alışkanlıkları hakkında şunları yazıyor: "Sağlam bir rutin, kişinin zihinsel enerjileri için çok kullanılmış bir alışkanlığı besler ve ruh hallerinin zorbalığından kurtulmaya yardımcı olur." Rutinler bize hizmet etmek içindir, bizi kelepçelemek için değil. Akıllıca uygulandığında, bu seçenekleri sınırlayan stratejiler, ister müzelik değerde sanat yapıyor olalım ister sıradan günlerimizi yönetmeye çalışalım, zihnimizde boşluk yaratarak özgürlük yaratır.

Kararları Kolaylaştırma Stratejileri

Seçeneklerinizi sınırlamak ve yinelenen kararları kolaylaştırmak için oluşturabileceğiniz bazı özel stratejileri inceleyelim. Bazıları barizdir; diğerleri sizi şaşırtabilir. Hepsinin ortak amacı, fazla düşünmeyi zorlaştıran alışkanlıklar oluşturmaktır. Bunları kelepçe olarak değil, varsayılan ayarlarınız olarak düşünün. Farklı bir seçim yapmak için acil bir ihtiyaç yerine, oluşturduğunuz "sıkıcı" rutinler, yorgunluğu gideren bir çatı olarak hizmet edebilir. Bu şeylere zaten bir kez karar verdiğiniz için, aynı soruyla karşılaştığınızda her seferinde karar vermek zorunda değilsiniz.

Aynı Şeyi Yiyin

Yiyecek konusunda her gün kaç kararla karşı karşıya kaldığımız dikkate değerdir. Yiyecekler ve yemek zamanları yaşam ritmimizde büyük rol oynar, bu yüzden bunları düzene koyduğumuzda büyük tasarruf ederiz.

Her gün aynı şeyi yemenin sorun olmadığını, on yıl önce yoğun (ve kısa) bir CrossFit (genel bir güç ve kondisyon programı) aşamasından geçtiğimde ilk kez fark ettim. Spor salonumuzun seçkin oyuncularından birçoğunun her gün aynı şeyi yediğini çabucak fark ettim ve aynı şey derken *tamamen* aynı şeyi kastediyorum. Antrenman arkadaşlarımdan biri günde altı ya da yedi mini öğünde ons olarak ölçtüğü miktarda hindi, yeşil fasulye ve badem yiyordu. Bazı sporcular, akşam yemeği için çeşitlilik ekleyerek veya hafta sonu bir gün istediklerini yiyerek düzeni bozuyorlardı, ancak bana göre, diyetlerinin omurgası akıl almaz derecede sıkıcı görünüyordu. Yine de onlar bu tutarlılığın yarattığı zihinsel tasarrufun inanılmaz olduğunu söyleyerek ona övgüler diziyorlardı.

Buna dikkat etmeye başladığımda, onların bu konuda yalnız olmadıklarını anladım. Çeşitli disiplinlerdeki birçok yüksek performanslı kişi, zihinsel alanı boşaltmak için her gün düzenli olarak aynı şeyi yer. Dünyayı yönetmeye, hatta spor salonunda yeni bir kişisel rekor kırmaya çalışmıyordum ama zihinsel enerjimi öğle yemeği mönümden daha yüce şeyler için koruma fikrini sevdim.

On yıl sonra şaşırtıcı şekilde o insanlardan biri oldum. Günlerimin yüzde doksanında kahvaltı ve öğle yemeğim her gün aynı görünüyor. Kahvaltı, yumurta ve avokadonun bir tür karışımıdır. Öğle yemeği soğuk havalarda kırmızı köri, sıcak aylarda kocaman salatalardır. Bire bir aynı şey değil, ama buna yakın; formülün yapılması kolaydır, alınması kolaydır ve çeşitlendirilmesi kolaydır.

Her gün aynı şeyi yeme fikri midenizi bulandırıyorsa, rahatlayın. Aynı prensibi daha az çarpıcı yollarla da uygulayabilirsiniz. Yıllarca aile yemeklerimizi, seçeneklerimizi önemli ölçüde azaltan Kroger süpermarket zincirinin indirim broşürlerine göre planladım. Tavuk göğsü ve somon indirimdeyse tavuk göğsü ve somon yerdik. Daha sonra bir yemek matrisi oluşturarak seçeneklerimizi daha da sınırlandırdım. Asla değişmez bir mönü değil ancak seçeneklerimizi daraltan, etsiz pazartesileri, taco salılarını ve pizza cumalarını kucaklayan bir şablon.

İster tıpatıp aynı şeyi yemeyi, ister yemek matrisi gibi bir başlangıç noktası benimsemeyi seçin, önemli miktarda zihinsel enerji tasarrufu yapacaksınız.

Size Özel Bir Yemek Tarifiniz Olsun

Yirmi iki yaşındayken, herkesin kendine özgü bir yemek tarifi olması gerektiğini okumuştum – her zaman arkadaşlarınıza yapmaya hazır olduğunuz güvenilir bir tarif. Bu şekilde, ne servis edeceğinize karar vermek için zihinsel enerjinizi harcamanıza gerek ve misafirler geldiğinde yeni bir tarif seçme veya uygulama konusunda endişelenmenize gerek kalmaz. Bunun yerine, en azından yemek söz konusu olduğunda, normal rutininize girebilir ve arkadaşlarınıza odaklanabilirsiniz.

Yıllar boyunca, çeşitli arkadaşların bu konsepti nasıl uygulamaya koyduğunu gözlemlemekten keyif aldım. Bir keresinde, on sekiz kişilik gösterişli bir akşam yemeğine ev sahipliği yaptıktan sonra –ve sadece ağırlamakla kalmayıp, yemeği hazırlayıp servis etmişti- arkadaşım Lisa'nın yanında kaldım. Lisa doğuştan bir ev sahibesiydi ve geçmişte konaklama sektöründe uzman olarak çalışmıştı, bu yüzden durumun pratikliğiyle ilgileniyordum. Ne servis etmişti ve bu kadar büyük bir kalabalık için bir partinin altından nasıl kalkmıştı?

Bana şık akşam yemeklerinde her zaman aynı şeyi servis ettiğini söyledi, çünkü yemekle ilgili strese girmeden endişelenecek yeterince şeyi vardı. Ona özgü mönü dana bonfile (fırında kavrulmuş, ev yapımı yabanturpu soslu), Sezar salatası (marketten alıp içeriğiyle oynadığı sosla yaptığı - bana inanın, bana göstermek için buzdolabından çıkardığında daha sonra bakmak üzere şişenin fotoğrafını çekmiştim), iki kez pişmiş Boursin peynirli patates ve yerel bir fırından gelen bir tatlı. Misafirler yemeğe bayılıyor çünkü lezzetli; Lisa ona bayılıyor çünkü o kadar çok yaptı ki bunu düşünmek zorunda değil.

Hiç şık bir akşam yemeği partisine ev sahipliği yapmadım, ancak aynı prensip sıradan buluşmalar için de geçerlidir. Benim evimde, insanları ağırlamakta rahat olmamızın temel nedenlerinden biri, ne yaptığımızı ve bu yapmanın kolay olduğunu bilmemizdir. İlk bana özel yemeğim parmesanlı tavuktu, ama yaşlandıkça, kurtarıcı yemeklerim daha basit hale geldi. Bugünlerde, büyük kalabalıklar için iyi bir taco gecesini ve daha küçük olanlar için sokak tezgâhı tavuğunu seviyoruz. Samimi kış geceleri, güveçte rosto gerektirir. Rahat bir mönü için peynirli biberli tortilla cipsi (ucuz) veya suşi (savurganlık) sunuyoruz. Tatlı olarak, birçok kez yaptığım için tarifi ezbere bildiğim, neredeyse unsuz çikolatalı keke güveniyorum. Gündelik bir tatlı kaçamağı istersem, her zaman kalabalığı memnun eden Barefoot Contessa'nın Outrageous Brownies'inden pişiririm.

İnsanları eve davet etmek, ilişkilerinizi derinleştirmenin güvenilir bir yoludur, ancak aynı zamanda pratik sebepler nedeniyle göz korkutucu da olabilir. Önceden size özgü bir yemek seçmek size düşünmeniz gereken bir tane daha az şey verir, böylece yemeğin arkadaşlarla görüşmenize engel olmayacağına güvenebilirsiniz.

Aynı Şeyi Giyin

Lisedeyken, her gün okula aynı eteği, polo tişörtü ve hırkayı giyen Katolik okuluna giden arkadaşlarımı kıskanırdım. Her sabah yataktan kalktıklarında tam olarak ne giyeceklerini biliyorlardı. Lisedeyken benim için bu, onların benim her sabah kıyafetimi seçmek için harcadığım fazladan on beş dakika boyunca uyuyabilecekleri anlamına geliyordu. Arkadaşlarımın sıkı parametreleri, kolaylaştırılmış bir karar verme süreci demekti.

Yaşım ilerledikçe, sadece her gün aynı şeyi giymeyi tercih etmekle kalmayıp, bunu kendileri için işleri kolaylaştırmak adına apaçık şekilde yapan insanlardan büyülendim. Karar yorgunluğuyla ilgili araştırmaların teşvik ettiği eski başkan Obama bile, görevdeyken yalnızca gri veya mavi takım elbise giymeyi seçti. *Vanity Fair* röportajında Michael Lewis'e "Kararları azaltmaya çalışıyorum" dedi. "Ne yiyip ne giyeceğime karar vermek istemiyorum. Çünkü vermem gereken çok fazla karar var."

Üniormayı benimseyenler sadece kız öğrenciler ve modadan hoşlanmayanlar değil. Moda sektöründe çalışanlar da dahil olmak üzere pek çok stil sahibi insan da, ilk başta beni şaşırtan şekilde kişisel üniformayı benimsiyor. Modaya uygun insanlar her gün giyinmekten zevk almazlar mıydı? Ancak düşünceleri mantıklıydı – trendlere ayak uydurmaya çalışırsanız, bol miktarda zihinsel enerjiyle birlikte aklınızı kaybedebilirsiniz. 1977 gibi uzun bir süre önce, *Vogue* ve *Harper's Bazaar*'da editör olarak görev yapan Carrie Donovan şöyle yazmıştı: "Gerçekten iyi organize olmuş kadınlar, kendilerine çekici ama verimli bir şekilde çekidüzen vermek için bir tür 'tek tip' bir yol bulmuşlardır." Onlarca yıl insanları "kendilerine uygun bir üniforma geliştirmeye" çağırdı. Donovan'ın kendi üniforması tamamen siyahtı, ayrıca büyük gözlükler ve cesur aksesuvarlar içeriyordu. Yirmi beş yıl *Vogue*'nun kreatif direktörlüğünü yapan Grace Coddington da sadece siyah giymeyi benimseyerek, "Sabah ne giyeceğimi düşünmek istemiyorum; tüm dikkatimi çekimi yaptığım kıyafetlere vermek istiyorum. Bu bir üniforma gibi. Bununla ilgili bir karar vermek zorunda değilsiniz. Tüm hayatımı kararlar vermekle geçiriyorum."

Tek bir günlük üniforma giymeye cesaret eden insanlara hayran olmama rağmen, onlardan biri olabileceğimi hiç düşünmemiştim. Zevklerime göre bunun çok aşırı olduğunu hissettim. Ama sonra bir yaz kazayla kendi üniformamı bulduğumu fark ettim. Her gün ne olursa olsun giyinmek zorunda olduğum için, bunu bilinçsizce de olsa kendim için kolaylaştırdım. Her gün çizgili bir gömlek (bir düzine her biri biraz farklı tasarımdan biri), kurşuni altlar ve gümüş sandaletler giydim. Bunu sevdim çünkü o gün tam olarak ne giyeceğimi bilerek yataktan kalktım: Dolabımda asılı duran bir sonraki gömlek ve temiz olan herhangi bir alt.

Hayatınızın sonuna kadar sadece çizgili gömlekler giymek istemeseniz bile, bir giyim matrisi, bir gıda matrisi ile aynı işlevi görebilir. Kendi kıyafetlerimin çoğu, bir temanın varyasyonlarıdır, örneğin sıkça giydiğim kot pantolonlu koyu renkli bir üst "sütun" ve bir kolye. Daha az sert bir tekrarlama ise, son yıllarda popüler olan "kapsül gardırop" veya Jennifer L. Scott'ın *Lessons from Madame Chic* (Madame Chic'ten Dersler) adlı keyifli kitabında, "On Parçalık Gardırop ile Kendinizi Özgürleştirin" adlı bir bölümde etkileyici bir şekilde anlattığı "on parçalı gardırop"tur. Hepsi işlerini seçimlerinizi sınırlayarak yapar, böylece beyin alanınız başka şeylere ayrılabilir.

Kendinize Özgü Bir Görünümü Benimseyin

Tıpkı kendinize özgü bir yemek gibi, şık bir kıyafet de birçok rolü yerine getirebilir.

Will ve ben evlendiğimizde, Ann Taylor'daki indirimli satış askısında prova yemeğimiz için küçük siyah bir elbise buldum: ham ipek, ince askılar, dizin hemen altına kadar evaze etekli bir elbise. Başka bir deyişle, inanılmaz derecede çok amaçlı ve sayısız durum için uygundur. Aynı elbiseyi *tekrar* giymenin uygun olup olmadığını düşünürdüm ama on yıl önce öyle yapmaya karar verdim. Geçenlerde on dokuzuncu yıldönümümüzü kutladık, bu yüzden bu elbise şimdiye kadar yüzlerce düğün ve kokteyl partisine katıldı.

Hâlâ zamansız ve hâlâ iyi görünüyor – ve sonunda yıpranana kadar onu her yerde giymeye devam edeceğim.

Kendinizi Tek Bir Kaynakla Sınırlayın

Hepimizin otomatikleştiremeyeceğimiz kararları var çünkü bu kararlar o kadar sık gündeme gelmiyor. Örneğin, son aylarda kilerim için yeni saklama kutuları seçmem, köpeğim Daisy için yeni bir köpek kulübesi bulmam ve bir topluluk etkinliği için bir konuşmacı tutmam gerekti. Bu kararlar, seyrek olmakla birlikte, onları vermeye alışık olmadığım için, çok büyük miktarda zihinsel enerji tüketebilir. Bunların hiçbirini düzenli olarak yapmıyorum, bu yüzden acemiyim. Ve yeni şeyler öğrenmeyi sevdiğim için, benim için yeni olan herhangi bir durumda seçeneklerimi gereksiz yere fazla araştırabilirim.

Bu nedenle, daha önce hiç vermediğim ve bir daha asla almayabileceğim bu tür kararlarla karşı karşıya kaldığımda, seçeneklerimi ileriye yönelik sınırlamaya önceden karar verdim.

Bunu yapmak için tercih ettiğim yollardan biri, kendimi tek bir kaynakla sınırlamaktır. Bu kişisel ilkeyi birkaç yıl önce, yeni yatak takımları için alışveriş yaparken dersimi aldıktan sonra oluşturdum. Alışverişi sevmediğim için bu kararı çok uzun süre ertelemiş ve sonunda hızlı bir şekilde satın almam gereken noktaya gelmiştim. İnternete bakmaya başladığımda, seçenekler arasında hızla bunaldım. Yeterince seçeneğe ihtiyacım vardı, sonsuz olanlara değil!

İçmimar arkadaşıma durumumu açıkladım ve aradığımı bulabileceğim tek bir mağaza söylemesini istedim. Bana yardım ederek sınırsız seçeneklerimi makul aralığa geri getirdi (cevabı: Pottery Barn'dı). Yatak odamda iyi görüneceğini düşündüğü birkaç yorgana dikkatimi çekerek bana daha fazla avantaj sağladı. Büyük ölçüde azaltılmış seçeneklerle, karar vermem beş dakika sürdü. Saat değil.

Şimdi, ne zaman sayısız seçenek bana bunaltıcı gelse, seçeneklerimi hızla daraltmanın bir yolunu ararım. Bundan sonra ne okuyacağınızdan emin değil misiniz? Kendinizi halihazırda rafınızda bulunan veya şu anda her zamanki kütüphane şubenizde bulunan kitaplarla sınırlandırmayı deneyin. Doğum günü hediyesine mi ihtiyacınız var? Kendinizi yalnızca bir mağazayla (veya dergiler gibi yalnızca tek bir kategoriyle) sınırlamayı deneyin. Bu yıl bitki bahçesine ne ekeceğinizden emin değil misiniz? Tahmin ettiniz: Neyin mevcut olduğunu görmek için tüm şehri dolaşmak yerine, yalnızca yerel bir fidanlıkta bulabileceklerinizi dikmeye karar verin.

Kendinizi Bir Defa ile Sınırlayın

Kendinizi sürekli olarak bir şeyi programınıza nasıl sığdıracağınızı veya o şeyi hangi zamana sıkıştıracağınızı düşünürken buluyorsanız, belirli bir zaman belirleyerek seçeneklerinizi sınırlamak yardımcı olabilir. Belirlenen bir zamana bağlı kalmak bazılarımız için (ben dahil) zordur, ancak bu süre bir kez ayarlandığında artık bunun hakkında düşünmenize gerek kalmaz. Her sabah saat 08.00'de egzersiz yapmaya karar verirseniz, artık ne zaman egzersiz yapacağınız konusunda endişelenmeyeceksiniz. Akşam yemeğinden bir saat önce köpeği gezdirmeye karar verirseniz, bundan böyle bunu yapmak için doğru zamanın ne zaman olabileceğini merak etmeyeceksiniz. Perşembe gününün market alışverişi günü olduğuna karar verirseniz, markete ne zaman gideceğinize karar vermek için zihinsel enerjinizi boşa harcamazsınız.

Belirli bir zamana bağlı kalmak işe yaramazsa veya bunu yapmamayı tercih ederseniz, yapmak istediğiniz şeylerin, onları düşünmek zorunda kalmadan yapıldığından emin olmak için eğer-o zaman kurallarını uygulayabilirsiniz. Bu strateji işe yarar, çünkü üzerinde düşünmeniz gereken yeni bir davranışı mevcut bir rutine bağlar. Zamanla, rutininiz yeni davranışa uyum sağlamak için genişler. Mesela şimdi ne zaman bir fincan kahve içsem bir bardak su da koyuyorum. Mikrodalgada yemek ısıtıyorsam, zamanlayıcı ötene kadar şınav çekerim. Dişlerimi fırçalıyorsam, fazladan iki dakika ayırır ve esneme hareketlerimi yaparım. Bir kez karar verin ve böylece bu eylemleri sonsuza kadar tekrarlayabilirsiniz.

Teknolojinin Hayatınıza Sızmasını Sınırlayın

Teknolojiyle ilişkimizi akıllıca yönetmekten bahsetmeden seçeneklerimizi sınırlamaktan bahsedemeyiz çünkü dikkatli olmazsak, kullanışlı küçük cihazlarımız hayatımızı ele geçirebilir.

Teknoloji, yaşam biçimimizi kökten değiştirdi. Birçok faydayı beraberinde getiriyor, ancak aynı zamanda bizim için mevcut olan kararları astronomik olarak artırıyor. Yatak takımı gibi bir şey seçerken internete dalabilir ve ebeveynlerimizin neslinin sahip olabileceğinden çok daha fazla seçenekle karşılaşabiliriz. Soru, yalnızca cihazımızda ne tür bilgiler bulacağımız değil, onu kullanıp kullanmayacağımız ve ne kadarını kullanacağımızdır. Yanımızda bir cihaz taşıyorsak, sürekli olarak (bunu yaptığımızın farkında olmasak da) bilgisayarımızı açmaya, telefonumuzu kontrol etmeye veya e-postamızı yenilemeye karar veririz. Barry Schwartz'ın daha az seçeneği savunduğu mükemmel kitabı *The Paradox of Choice*'da (Seçim Paradoksu) yazdığı gibi: "Artık nerede olursanız olun, her günün her dakikasında çalışıp çalışmamayı seçme şansınız var. Tüm cihazlarınızı kapatsanız bile, onları düşünürsünüz! Baskı her zaman devam ediyor."

Dikkatli olmazsak, tam olarak istemediğimiz şey olsa bile, cihazlarımız dikkatimizi çekecek. Ve bunu her yaptıklarında, evet ya da hayır demeye karar vermemiz gerekecek. Şimdi akıllı yönergeler belirleyerek bu sürekli yinelenen kararları sınırlayın.

Kendinize sürekli olarak cihazınızı çıkarmak için iyi bir zaman olup olmadığını mı soruyorsunuz? Hayatınıza cihazsız bölgeler (fiziksel bir alan ve/veya cihazınızı kaldırdığınız belirli bir süre) uygulamayı düşünün. Geçen yaz Smokies'e kamp yapmaya gittiğimizde, cep telefonu servisinin esamisi okunmuyordu, bu yüzden telefonumu torpido gözüne koydum. Bunun bir seçenek olmadığını anlayana kadar telefonumu ne sıklıkta kontrol etmeyi düşündüğümün farkında değildim.

Teknolojinin bize dayattığı kararları fark ettiğimizde, onları sınırlamayı seçebiliriz. Bilgisayarınızda, genellikle verilmemiş kararları temsil eden açık sekmeleri düşünün. Onlar hakkında ne yapacağınıza karar verme aşamasında olduğunuz için mi açıklar? Çok yaygın olan perakendeci satış e-postalarını düşünün. J.Crew, e-postayı açıp alışveriş yapmaya karar vermenizi umuyor. Alışveriş yapmak istemiyorsanız, silmeye (veya daha sonrası için saklamaya, bu daha da kötü olabilir!) karar vermelisiniz. Bu kararları tamamen kurtulmak ister misiniz? Bu e-postaların aboneliğinden çıkın.

Dijital cihazlarımız bize çok şey kazandırabilir, ancak aynı zamanda karar yorgunluğunu da teşvik edebilirler. Tam tersi olması gerekirken cihazınızın sizin patronunuz haline gelmemesi için onu nasıl kullandığınız konusunda akıllı olun.

Bu Bir Kontrol Listesi Değil

Birçoğumuz rutinlere direniyoruz çünkü kısıtlayıcı hissettireceklerinden korkuyoruz, ancak akıllıca uygulandıklarında özgürlük yaratıyorlar. Bir günde ancak belli miktarda karar verebilirsiniz, bu nedenle "dağınıklığın" göreceli olduğunu hatırlayarak zihinsel dağınıklığınızı temizlemenin yollarını arayın. Kıyafetleri seviyorsanız, lütfen her sabah yaratıcı giyinme eyleminin tadını çıkarın. Özenle hazırlanmış hafta içi akşam yemekleri hazırlayarak gevşemeyi seviyorsanız, devam edin.

Bu bölümdeki stratejilerin bir kontrol listesi olması amaçlanmamıştır. Faydalarından yararlanmak için hepsini uygulamanız gerekmez. Ancak bir günde ancak belirli miktarda karar verebilirsiniz ve önemli olanlar için kullanabileceğiniz zihinsel enerjiye ihtiyacınız vardır. Düzene koyarak nerede tasarruf edebileceğinizi düşünün.

Yinelenen kararların kontrolünü elinize aldığınızda, kafa boşluğunuzun kontrolünü de alırsınız. İyi seçimler yapın.

Sonraki Adımlar

1. 1 (biraz) ile 10 (çok) arasında bir ölçekte, şu anda karar yorgunluğuyla ne kadar mücadele ediyorsunuz?

....

....

....

....

2. Şu anda hangi rutinlere güveniyorsunuz? Onlarla ilgili en çok neyi takdir ediyorsunuz?

....

....

....

....

3. Hangi yeni rutini uygulamak istersiniz?

....

....

....

....

4. Hayatınızda, bilinçli olarak seçimlerinizi sınırlandırmanın faydasını göreceğinizi düşündüğünüz bir alanın adını söyleyin. Bunu nasıl yapabilirsiniz?

....

....

....

....

5. Teknolojinin şu anda sizi fazla düşünmeye teşvik ettiğini düşünüyor musunuz? Teknolojinin hayatınıza sızmasını sınırlamak için hangi adımları atabilirsiniz?

....

....

....

....

9

Başkasına Yaptırın

Vermeyi öğrenmemiz gerektiğini düşünüyoruz,
ama vermekten çok daha zor olan, bize sunulanları
kabul etmeyi unutuyoruz.

Alexander McCall Smith

Edebi podcast'imi başlatma sürecine başladığımda, *What Should I Read Next?* (Bundan Sonra Ne Okumalıyım?) podcast yapmanın sahip olmadığım teknik beceriler gerektirdiğini fark ettim. Bir seçimle karşı karşıyaydım: Sunucu kurmayı, ekipmanları yüklemeyi, ses düzenlemeyi ve dosyaları sıkıştırmayı kendim öğrenebilirdim ya da teknik işleri yapması için başka birini tutabilirdim, böylece harika bir gösteri yaratmanın yaratıcı, teknik olmayan yönlerine odaklanabilirdim. Ve bunu yapacak başka birini bulursam, kitap ve blog yazıları yazmaya ve kitapla ilgili dersler yaratmaya devam etmek için gereken bant aralığını koruyabilirdim.

Bu yüzden podcast yayıncısı arkadaşım Knox McCoy'u bana bu işin nasıl yapılabileceğini adım adım anlatması, bana reklam olasılıklarını öğretmesi ve ekipman seçimlerinde rehberlik etmesi için tuttum. Tüm bunları nasıl yapacağını o zaten öğrenmişti; onun çabalarını tekrarlamanın bir manası yoktu. Her bölüme nasıl başlayıp bitirebileceğimi göstermek için örnek senaryolar yarattı ve onun taslaklarını kendi sesimi yansıtacak şekilde düzenlememe rağmen, bu senaryolar bana karşılık verecek bir şeyler sağladıkları için çok değerliydiler.

Konuk röportajlarımı kaydettikten sonra, Knox şovu benim özelliklerime göre düzenledi ve her bölümün son versiyonunu oluşturdu. İlk iki bölüm ciddi bir çalışma gerektirdi, ancak bundan sonra iş akışımı düzene sokabildim, odağımı programı yaratmaya ayırdım ve Knox'un onu üretmeye odaklanmasına izin verdim.

Podcasting'in teknik yönleri konusunda dışarıdan destek almak, diğer çalışmalarıma ek olarak, tartışmak için kitap araştırmak, potansiyel konuklar bulmak ve mükemmel röportaj soruları hazırlamak gibi en iyi olduğum şeylere, yalnızca benim yapabileceğim şeylere odaklanmam için beni özgürleştirdi. İyi bir ekibin yardımıyla, daha fazla projeyi, tek başıma çalışsaydım üstlenemeyeceğim projeleri tamamlayabileceğimi görebiliyordum.

Her Şey Sana Bağlı Değil

Çoğumuz her şeyi kendi başımıza yapmamız gerekmediğini sezgisel olarak anlıyoruz, bu nedenle farklı nedenlerle, farklı şekillerde dışarıdan destek alıyoruz. Aslında bir "delege edici" olduğunuzu düşünmeyebilirsiniz, ancak neredeyse kesinlikle öylesiniz. Belki klima komik sesler çıkarmaya başladığında hiç düşünmezsiniz; telefonu açar ve en sevdiğiniz servis şirketini ararsınız. Belki de her gece akşam yemeğinde ne olduğu hakkında kafa patlatmak istemiyorsunuz, bu yüzden bir yemek planlama hizmetine ya da bir blog veya dergideki haftalık bir plana güveniyorsunuz. Belki de Pinterest'teki bir temizlik çizelgesine çok güveniyorsunuz, böylece artık çarşafları ne zaman değiştireceğinizi veya buzdolabını ne sıklıkta temizleyeceğinizi düşünmenize gerek kalmıyor – sadece kontrol listesinde ne yazıyorsa onu yapıyorsunuz.

Bu görevler ve bunlara karşılık gelen kararlar konusunda dışarıdan destek aldığımızda, zamandan tasarruf edebiliriz, paradan tasarruf edebiliriz, daha iyi bir sonuç elde edebiliriz, ancak en önemlisi, fazla düşünmekle ilgili olarak, zihinsel işlem gücümüzden tasarruf ederiz.

Neyi Dışarıdan Tedarik Edeceğine Karar Verme

Stratejik dış kaynak kullanımı, her gün karşımıza çıkan kararların saldırısı ile başa çıkmamıza yardımcı olur. Her zaman karar verecek çok şey vardır ve kümülatif etkinin bunaltıcı olması kolaydır. (3. Bölüm'den, bunalmış hissetmenin karar yorgunluğunun kesin bir işareti olduğunu biliyoruz.) Her şeyi kendiniz yönetmek zorunda olmadığınızı veya tüm bu kararları sizin vermeniz gerekmediğini anlamak özgürleştirici olabilir. Başka kaynaklara bakmak zihinsel yükü hafifletir.

Farklı insanlar, farklı nedenlerle farklı şeyleri dışarıdan temin edeceklerdir. Yapmanız gereken görevlerden üstünüzden atmayı düşündüklerinizle ilgili değişmez kurallar yoktur. Herkese uyan tek bir kontrol listesi yoktur çünkü hepimizin farklı yetenekleri, ilgi alanları, becerileri ve kaynakları vardır. Ancak hangi görevleri üzerinizden atacağınızı düşünürken kendinize şu soruları sorabilirsiniz.

Bunu Yapabilir miyim?

Cevaplanması gereken en kolay soru şudur: Yapabilecek misiniz? Kendiniz yapamıyorsanız, bir arkadaşınızdan veya bir profesyonelden yardım almak elbette mantıklıdır. Durumunuza ve becerilerinize bağlı olarak bu, matematik dersi alma, yüksek bir tavanı boyama veya medyada boy göstermek için makyaj yapma konusunda yardım almak anlamına gelebilir.

(Bazen projeyi üstlenebileceğimizi düşünürüz ama bu fikri o kadar ürkütücü buluruz ki yapamayacağımızı hissederiz. Bunun hakkında daha fazlası birazdan.)

Ya şu anda yapamıyorsanız, ancak nasıl yapılacağını öğrenme fikri hoşunuza gidiyorsa? Okumaya devam edin.

Bunu Yapmak İstiyor muyum?

Arkadaşım Meg podcast'ine başladığında, ses yapımı hakkında hiçbir şey bilmiyordu – ama öğrenmek için oldukça motiveydi. Dinleyicileri için yarattığı dinleme deneyiminde kontrolün tamamını elinde tutmak istiyordu, bu da baştan sona her bölümü bizzat kendisinin hazırlaması gerektiği anlamına geliyordu. Ancak bunu kendi başına yapma kararı ayrıca daha derin bir amaç tarafından yönlendirilmişti. Programa ilk başladığında bana şunları söyledi: "Karanlık bir doğum sonrası depresyon döneminden çıkıyordum ve kendime bir şeylere yeni başlayan biri olma, bazı yeni beceriler öğrenme ve fikirden ortaya çıkan ürüne kadarki sürecin üstesinden gelme şansı verme seçimi, kişisel düzeyde hayatıma büyük bir şifa ve neşe getirdi." Kendi sesini nasıl düzenleyeceğini bilmiyordu ama öğrenmesi onun için önemliydi.

Bir podcast'e başlamak büyük bir projedir, ancak aynı ilkeler günlük kararlar için de geçerlidir. Pastane mükemmel derecede iyi çörekler yapıyordur, ancak en sevdiğiniz stres atma biçimi hamurişi pişirmek mi? Komşunun çocuğu çimleri kesebilir, ancak bu deneyimi hoş bir şekilde meditatif ve ortaya çıkan sonucu memnuniyet verici bir şekilde somut buluyor musunuz? Komşunuz kütüphane kitaplarınızı iade etmeyi teklif ediyor, ancak yeni çıkanlar rafını kontrol etmek ve en sevdiğiniz kütüphanecileri selamlamak için uğramaktan hoşlanıyor musunuz? Arkadaşınız yemek planlama hizmetine bayılıyor, ancak yemek kitaplarınızı çıkarmaktan ve bir haftalık sıradandan daha iyi mönüleri ve buna uygun bir alışveriş listesini planlamaktan hoşlanıyor musunuz? Tesisatçıyı arayabilirsiniz, ancak birkaç YouTube videosu izleyip sızıntıyı kendiniz düzeltmeyi mi tercih edersiniz? Altmış dolar tasarruf etmek için ya da iyi yapılmış bir işin tatmini için işi kendiniz yapıyor olun, sonuçlar buna değebilir.

Neyi kendiniz yapmak istiyorsunuz? Bu sorunun yanıtları değişken ve bireyseldir ve dış kaynak kullanıp kullanmamanızın nedenleri başkaları tarafından kolayca anlaşılmayabilir. Sorun değil.

Bunu Benim Yapmam Anlamlı mı?

Başka birine ne yaptıracağınıza karar verirken soru şudur: Sizin için önemli olan nedir? Yapılması gereken bir görev, *sizin* tarafınızdan yapılması gereken bir görevle aynı şey değildir.

Bir seyahat uzmanı bir keresinde bana, iş için seyahat ederken, zihinsel enerjinizi, bilmediğiniz bir şehirde toplu taşımayla cebelleşmek gibi, ulaşım lojistiğini çözmekle boşa harcamamanız gerektiğini söyledi. Sadece bir taksiye binin ve olsun bitsin – çünkü o zaman nereye gittiğinizi bulmak artık sürücünün görevidir ve zihinsel enerjinizi önemli toplantılarınız ve sunumlarınız için saklayabilirsiniz. Bu, sonuçları önemli olacak bir toplantı için şehirdeyseniz mantıklıdır (benim için nadir bir durum). Ancak çocuklarımızı birkaç kez New York'a götürdük ve onlarla birlikte olduğunuzda toplu taşıma da maceranın bir parçasıdır. Onu çözmek çok fazla zihinsel enerji gerektirir, ama sorun değil çünkü süreç de deneyimin bir parçasıdır.

Arkadaşım Ashley şu sıralar önümüzdeki sonbahar için edebi bir yolculuğa çıkmak üzere saatlerini harcıyor. Buna gereğinden çok daha fazla zihinsel enerji mi harcıyor? Kesinlikle. Zaman kazanmak istiyorsa, internetten başka birinin örnek seyahat programını indirebilirdi. Ancak Ashley için planlama, sürecin keyifli ve kaçırılmaması gereken bir parçası. Bu seyahat deneyiminin bir parçası ve o bu deneyimin her bölümünü seviyor.

Kendinizin yapmasının önemli olduğunu düşündüğünüz bir şey için dışarıdan destek almayın. Seyahat deneyiminizin her yönünü araştırmaktan, bir arkadaşınıza öğle yemeği ısmarlamaktan veya sevdiğiniz biri için bir kart seçmekten mana çıkarıyorsanız, devam edin. Bir şeye istediğiniz kadar düşünceyi veriyorsanız, bu fazla düşünmek değildir.

Bunu Karşılayabilir miyim?

Bir şeyleri karşılayabiliyor olmaktan bahsettiğimizde, önce parayı düşünmeye meyilliyiz ve dış kaynak kullanımı söz konusu olduğunda, para kesinlikle bir faktördür. Oprah tarzı dış kaynak kullanmak, size özel bir şef, eğitmen, kâhya ve kim bilir başka ne, kulağa hoş gelebilir. Ama istesek bile, çoğumuz için maliyeti yüksek olacaktır. Dış kaynak kullanımı her zaman para gerektirmez, ancak gerektiğinde dikkate alınması gereken önemli bir faktördür.

Madem zihinsel alanımızı korumaktan bahsediyoruz, bu soruyu farklı bir açıdan da ele alalım. Kendinize şunu sorun: Bu şeyi kendim halletmek için kullanmam gereken zihinsel alanı karşılayabilir miyim? Beynimde ve hayatımda bunu üstlenecek yer var mı? Ancak belli miktarda şey yapabilirsiniz.

Cevap hayır olduğunda, dışarıdan destek alma zamanıdır.

İşi Kime Yaptıracağına Karar Vermek

Yardım almak söz konusu olduğunda, bazen o iş için doğru kişi çok barizdir. Bazen ise daha az. Hepimizin farklı uzmanlık alanları var ve hayatımızda eksik olduğumuz becerilere ve kaynaklara sahip olan insanlar bulunuyor.

Bir başkasına belirli bir görevi yaptırarak zihinsel yükünüzü hafifletebilirsiniz, ancak rahatlamanız ve meselenin gerçekten sizin sorumluluğunuzdan çıktığını hissetmeniz için, işi yapacaklarına güvenmeniz gerekir. Aksi takdirde, hâlâ onu düşünüyor olacaksınız, bu da amacı bozuyor. Kime iş yaptıracağınıza karar vermeye çalışırken göz önünde bulundurmanız gereken bazı şeyler.

Bu İş İçin Doğru Kişi O mu?

İlerlemek için yüzde yüz emin olmanıza gerek olmasa da, belirli bir kişiye o işi yaptırmak için haklı nedenleriniz olup olmadığını düşünmek için biraz zaman ayırın. (Bunu otomatik olarak yapanları selamlıyorum. Bunları zor yoldan öğrenmeye meyilli olanlar, okumaya devam edin.)

Yıllar önce, potansiyel olarak sevimli ama harap olan ilk evimin dışını boyaması için birini tuttum. Gençtim, bu konularda deneyimim yoktu ve hangi renkleri seçeceğimi bilmiyordum. Bu yüzden boyacımdan benim yerime karar vermesini istedim. "Size benim neyi sevdiğimi söyleyeyim" dedi ve hayalindeki ev için seçeceği renk şemasını anlattı. Cevap için minnettarım, ona bunun iyi olacağını söyledim ve o da evi buna göre boyadı.

Boyacı işinde iyiydi, ancak boya işinin sonucundan hiç memnun olmadım ve nedenini yıllar sonra anladım. Renk kararını başka birinin vermesine hevesliydim ama dinleseydim boyacıyla benim farklı zevklerimiz olduğunu fark ederdim. Zevki benimkine daha çok uyan birinden yardım alsaydım sonuçtan daha mutlu olurdum.

Şimdi kendime soruyorum: *Bu kişiden bu tür bir yardım almak, umduğum sonucu getirebilir mi?* Bu basit bir soru ama önemli bir soru.

Bir Arkadaştan Yardım İsteyebilir miyim?

Yardım istemek resmi bir iş olmak zorunda değildir; muhtemelen zaten hayatınızın bir parçasıdır. Taşınma, dolap temizliği veya kıyafet seçimi konusunda yardım etmesi için bir arkadaşınızı aradıysanız, neden bahsettiğimi biliyorsunuz. Arkadaşlarımızın beceri ve yeteneklerini gözlemlediğimizde, istersek bize ne kadar yardımcı olabilecekleri açıktır. Yardımlarını almaktan heyecan duyardık ve sonucu takdir edeceğimizi biliyoruz.

Ev ofisimi yeniden düzenlediğimde, dosyalanması ve tasnif edilmesi gereken çok sayıda kâğıt karşısında şaşkına dönmüştüm ve bunları saklamak için iyi bir sistemi nasıl uygulayacağımı bilmiyordum. Durum hakkında çok uzun süre endişe ettikten sonra, nihayet organize arkadaşım Melissa'dan hızla biriken evrak işleriyle başa çıkmak için ipuçları istedim. Sıkıştığımı görünce, Melissa işi devraldı. En sevdiği askılı dosyalar ve Sharpies (markör markası) ile geldi, tam olarak ne yapacağımı gösterdi ve çok fazla zihinsel enerjimi kurtardı (zamandan bahsetmiyorum bile). Ve eğlenceliydi. Yorucu projeme başka birini dahil etmekte tereddüt ettim ama Melissa yardım etmekten mutluydu. Ve bunu birlikte yaptığımızda, sıkıcı olmamıştı.

Arkadaşım Myquillyn'in aklını kaçırmadan insanları eve davet etmesini sağlayan bir dışarıdan destek alma kuralı var. Misafiri seviyor ama deneyimlerinden biliyor ki tüm yemekleri kendi yapmaya kalkarsa, telaşlanacak ve dağılacak, sonunda insanları davet ettiğine pişman olacak. Uzun zaman önce, insanları davet ettiğinde sadece iki şeyi kendisi yapmaya karar verdi – gerisini ya satın alıyor ya da misafirlerinin getirmesini sağlıyor.

Onun evinde kaldığımda, bunu yaptığını ben de gördüm. Keyifli bir akşam yemeği için Myquillyn, biz mutfakta takılırken mutfak tezgâhında daha önce yüzlerce kez yaptığını söylediği bir tarifle tavuklu tortellini çorbası yaptı. Onu dükkândan alınan ekmek ve tatlıyla eşleştirdi. Lezzetli ve kolaydı, orada tamamen hazırdı ve kimse, onun arkadaşlığı da dahil olmak üzere kendini hiçbir şeyden mahrum hissetmiyordu. Kişisel ilkesi, misafir kabul etmenin en çok sevdiği yönüne, sadece *onun* yapabileceği şeye odaklanmasına izin veriyor: Arkadaşlarıyla birlikte olmanın tadını çıkarmaya.

Myquillyn ayrıca insanların yardım etmeyi sevdiğini keşfetti. Yardım istediğimizde faydanın iki yönlü olduğunu unutmaya meyilliyiz. Arkadaşlarımıza sorunlarımızı yüklediğimiz için endişelenebiliriz ama onlar da değerli olmak isterler. İnsanlara en iyi yaptıkları şeyi yapmaları için alan verin ve ayrıca yardım istemek, arkadaşlarınızı biraz daha fazla görmek için size bir bahane de verir.

Bazen Bir Profesyonele İhtiyaç Duyarsınız

Bazen arkadaşlarımız o mesleği yapan kişilerdir -ki bu eğlencelidir- ama bazen işi yaptırmak için başka birini tutmakta fayda vardır. Başka birinin uzmanlığına güvendiğimizde bu bizi bir sürü zihinsel enerji harcamaktan kurtarır.

Kızlarım küçükken onların odasını boyamak istiyordum. Orası daha önce kocamla benim yatak odamızdı ve o zamanlar duvarlar haki rengindeydi (Porter Boyaları'na göre "Deniz Kumu"), ama şimdi kızların yeni yatak örtüleriyle uyumlu olması için soluk bir lavanta rengi istiyordum. Yardım istemeyi düşündüm ama vazgeçtim. *Sadece boya*, diye düşündüm. *Biraz boyayla başa çıkabilirim.*

Boya örneklerini inceledim, bazı kararlar verdim ve duvarda birkaç örnek denedim. Ama rengi bir türlü tutturamıyordum. İlk denemem üzümlü gazoza benziyordu, bu yüzden dergileri ve daha fazla boya örneğini inceledim ve tekrar denedim. İkinci denemem öksürük ilacı gibi görünüyordu; üçüncü ton ise mordan çok pembe görünüyordu. Hayal kırıklığı içinde pes ettim ve geçmişte bayıldığım yarım düzine rengi bana öneren ve bunu bedavaya yapan sokağın aşağısındaki boyacıdaki kusursuz zevke sahip tasarımcıdan randevu aldım. Ona renk örneklerimi ve yatak örtüsünü getirdim. "Kendini kötü hissetme" dedi. "Mor zordur." Ve sonra, anında, asla seçmeyeceğim ama duvarda mükemmel görünen bir tonu belirledi. Kızlarım bu renge bayıldı, ben de öyle.

Bu, kendi boya rengimi seçmeye çalıştığım son seferdi. Şimdi renklerimi benim için bir profesyonelin seçmesine izin veriyorum ve her seferinde ilk denemede harika görünüyorlar.

Ben bu süreçten hoşlanmasam da, bundan hoşlananların olduğunu belirtmekte fayda var. Genç kızım geçen yıl odasını yeniden dekore ettiğinde, kendisi yeni bir duvar rengi seçmek istedi; bunu, mekânını kendine özel yapma deneyiminin kaçırılmaması gereken bir parçası olarak gördü. Benim yardımımla önce Pinterest'te gezindi, ardından Home Depot'u ziyaret etti, ardından duvara birkaç renk örneği boyadı. Uzun bir süreçti ve sorun değildi.

Ne Zaman Dışarıdan Yardım Alınacağına Karar Vermek

Bazen hayat bizi, normalde ihtiyacımız olandan biraz daha fazla (veya çok daha fazla) dış destekten yararlanabileceğimiz durumlara sokar; bazen bir projenin belirli *aşamalarında* yardıma ihtiyaç duyarız.

Hayatın Mevsimler Halinde Yaşandığını Unutmayın

Hayatın bazı mevsimleri tahmin edilebileceği gibi streslidir - yeni bir eve taşınmak, işte yoğun bir zamanın üstesinden gelmek, bebek sahibi olmak veya sonbahar spor sezonunda hayatta kalmak. Bazı günler ve mevsimler, başka birine yaptırdığımız işler konusunda diğerlerinden daha stratejik olmamızı gerektirir. Hastalara çorba götürmemizin, arkadaşlarımızın taşınmasına yardım etmemizin ve teslim tarihleri yaklaştığında paket servis almanın bize çekici gelmesinin bir nedeni var.

Dışarıdan yardım almaya farklı dönemler için farklı şeyler deneyerek, nasıl çalıştığını görerek ve daha sonra ilerleme zamanı geldiğinde öğrendiklerimizi sürece dahil ederek deneysel bir ruhla yaklaşabiliriz.

Başlamak İçin Yardıma İhtiyacınız Olduğunda

Bir projenin başlangıcında yardım isteyerek büyük miktarda zihinsel enerji tasarrufu yapabiliriz. Harekete geçtiğimizde, hareket halinde kalmak kolaydır, ancak başlamak çok fazla çaba gerektirebilir.

Başlama ihtiyacının göz korkutucu hissini yaşadınız mı? Ben bir yazarım ve boş bir sayfanın ne kadar bunaltıcı olabileceğini çok iyi biliyorum. Hiçbir şeyi bir şeye dönüştürmek zor bir iştir. Ama bir kez bir taslağım olduğunda –hatta gelişigüzel bir taslak bile olsa– onu daha iyi hale getirebilirim.

Bir şeye başlama fikri gözünüzü korkutuyorsa, mecazi bir ilk taslak oluşturmanıza başka birinin yardım etmesini nasıl sağlayabileceğinizi düşünün. Başka biri başlangıç noktasını oluşturabilir mi?

Daha dün kafede, derin bir sohbete dalmış iki kadının yanına oturmuş bulundum ve konuşmalarına kulak misafiri oldum. Birine, diyetten glütenin titizlikle çıkarılmasını gerektiren bir otoimmün bozukluk olan çölyak hastalığı teşhisi konmuştu. Önündeki görevin karmaşıklığından bunalmıştı –alışveriş yapmak, beslenmek ve yemek pişirmek için yeni bir yol öğrenmek– ve çölyak hastası olan arkadaşından bilmesi gereken her şeyi anlatmasını istedi.

Sıkı bir glütensiz yaşam tarzı için öğrenme eğrisi hakkında konuştuklarını duydum. Yakın zamanda teşhis konulan kadın, "Buzdolabını açıyorum ve sonrasında ne yapacağım hakkında hiçbir fikrim yok" dedi.

Arkadaşı ona, "İlk başta bunaltıcı geliyor" dedi. "Ama alışacaksın. Keşke başladığımızda bilseydim dediğim şey bu." Ardından makaleler, hesap tabloları ve alışveriş listeleriyle dolu bir dosya klasörü çıkardı. Yemek ve atıştırmalıklar için tarifler, dışarıda yemek yeme stratejileri ve yanlışlıkla "glütenlendiğinde" ne yapması gerektiğinden bahsettiler. Bir kadın nereden başlayacağını bilemezken, deneyimli arkadaşı ona yolu gösterdi.

Benzer şekilde, okuyucular bana her yıl düzenlenen Modern Bayan Darcy Okuma Meydan Okuması'nı sevdiklerini çünkü başlamak için kendi yaratıcı enerjilerini kullanmalarına gerek olmadığını söylüyorlar. İçinde çalışacakları bir yapı kurarak onlara bir başlangıç noktası veriyoruz. İnsanlar meydan okumayı kendi kullanımları için değiştiriyor, ancak onlara ilk taslağı biz veriyoruz.

Bu prensibi işyerinde de uygulamayı öğrendim. Bir şeylere başlamak zor ve her kararı kendim vermeme gerek yok. Küçük ekibim akıllı ve yetenekli, katkıda bulunacakları çok şey var. Bu nedenle, projelere başladığımızda, onlardan genellikle beyin fırtınası yaparak, istekli ve üstlenebilecekleri görevleri göndererek ve zaman dilimi ve teslim tarihleri önererek bana bir başlangıç noktası vermelerini istiyorum. Başladıkları bir şeye karşılık vermek, bütün kumaştan bir şeyler yaratmaktan çok daha kolay. Açıklama isteyeceğim ve geribildirim sağlayacağım, ancak ilk taslağı kendi başıma oluşturmuyorum. Bir takımı yönetmiyor olabilirsiniz, ancak prensip aktarılabilir: Başlarken, başka biri size karşılık vereceğiniz bir şey verebilir mi?

Yarım Kalmış İşleri Tamamlamak İçin Yardıma İhtiyacınız Olduğunda

Güvensizlik ve korku, büyük ve küçük meseleler hakkında muazzam miktarda fazla düşünme yaratır. Doğru yaptığımızdan emin olmadığımızda, her ne ise, zihinsel olarak ilerleyemeyiz, bu yüzden istemeden kapıyı fazla düşünmeye açık bırakırız. Kendi muhakememize güven duymadığımızda, düşüncelerimizin tekrar tekrar cevaplanmamış sorulara veya çözülmemiş durumlara dönmesi doğaldır –hatta, ters bir şekilde, faydalıdır– çünkü beyinlerimiz yarım kalmış işleri sevmez. Eğer güvendiğimiz birinin bize dinlenmemizi söylemesini sağlayabilirsek, bu zararlı düşünce döngüsünü durdurabiliriz.

Hayattaki bazı durumlar asla yüzde yüz çözülmeyecek, öyleyse neden çözebileceğiniz şeyleri çözerek zihinsel enerjinizi korumaya çalışmıyorsunuz? Bu, doğru yaptığınızı onaylayacak bir profesyonel bulmak kadar basit olabilir. Yıllar önce, CrossFit ana akıma girmeden önce, evdeki garajımızda ağırlık kaldırarak programlarını takip ettim. Rehberlik için kitaplara ve YouTube'a güvenerek kendi kendime "kapışma" ve "sumo deadlift" (deadlift: ağırlık takılmış halter barını eğilmiş vaziyetteyken yerden kaldırarak yapılan ağırlık çalışma egzersizi) gibi hareketlerini hem etkinlik hem de güvenlik için uygun formun çok önemli olduğu egzersizler– öğrendim. Formumun iyi olduğunu sanıyordum ama emin değildim ve her antreman yaptığımda, doğru yapıp yapmadığımı merak ediyordum.

CrossFit yolculuğumdan bir yıl sonra, iş beni o zamanlar ülkenin birkaç Cross-Fit spor salonundan birine ev sahipliği yapan Chicago'ya götürdü. Ziyaret etmek için bir randevu aldım ve özellikle temel halter hareketleri konusundaki formumu değerlendirmek için yardım istedim. Birileri izlerken ağırlık kaldırmak kendimi garip hissettirdi -hareketleri YouTube'da öğrenmiştim ve başka bir insan onları uyguladığımı hiç görmemişti- ama buna değdi. Koçun basit sözleri -"Doğru yapıyorsun"- fazla düşünmemi hemen engelledi.

Bazen basit bir sohbetin, aşağıdaki gibi tekrar eden temalar konusunda yıllarca süren sürekli endişeyi giderebileceğini keşfettim: *Kızımın okul ödevlerini ihtiyaç duyduğu şekilde destekliyor muyum?* (Okul danışmanı, onun gayet iyi olduğunu ve senin helikopter ebeveyn olmana ihtiyacı olmadığını veya bunu istemediğini onaylıyor. *Doğru şekilde yapıyorsunuz.*) *Keman yapraklı kauçuğumu aşırı sulayarak öldürüyor muyum?* (Yerel bitki dükkânındaki usta doğruluyor, hayır, internetin söylediklerine rağmen, buradaki iklimimiz nedeniyle *doğru şekilde yapıyorsunuz.*) *Tahriş olmuş cildime sadece nemlendirici sürüyordum, ama bu daha ciddi bir şeyin semptomu mu?* (Doktor tam olarak yapmanız gerekenin bu olduğunu ve endişelenecek bir şey olmadığını onaylıyor, *doğru yapıyorsunuz.*)

Burada dışarıdan yardım alma potansiyelini gözden kaçırmak kolaydır, çünkü burada yapılacaklar listemizdeki bir öğe için ille de dışarıdan destek almıyoruz. Kalan bir soruyu yanıtlamak için başka birinin yardımını alıyoruz. Ve bu karar verildikten sonra artık zihnimizde yer kaplamaz. Doğru yaptığınızı bildiğinizde beyniniz rahatlayabilir. Artık o konuyu merak etme zorunluluğu hissetmiyorsunuz çünkü o düşünce döngüsü kapanmış durumda.

Yardım İsteyin ve Hayatınızı En İyi Şekilde Yaşayın

Her şeyi kendimiz yapmak zorunda değiliz. Bir başkasına bunu yaptırdığımızda, kendimize daha az endişelenecek, ele alınacak, yönetilecek şeyin hediyesini vermiş oluruz, böylece zihinsel enerjimizi daha iyi kullanabiliriz. Ve bu sadece bir tek şeydir; bunu defalarca yapmanın kümülatif etkisini hayal edin!

Bu strateji zihinsel alanımızı korur ve genellikle eğlenceli ek faydaları da beraberinde getirir. Zaman kazanırız, arkadaşlarla eğleniriz, hatta paradan bile tasarruf edebiliriz. Başkalarının uzmanlığı sayesinde daha akıllı oluruz ve bilmediğimizi bile bilmediğimiz şeyleri öğreniriz.

Bir başkasının bunu yapmasını sağlamak sadece bilinçli bir strateji değildir. Bu işimizi en iyi şekilde yapmanın ve hayatımızı en iyi şekilde yaşamanın bir yoludur.

Utanmayın. Yardım isteyin.

Sonraki Adımlar

1. Bir proje için ihtiyaç duyduğunuz yardımı dışarıdan aldığınız ve sonuçlardan memnun olduğunuz bir başarı hikâyesi aklınıza geliyor mu? Bu neydi?

....

....

....

....

2. Yapabilseydiniz bile, çok keyif aldığınız için dışarıdan temin etmek istemeyeceğiniz şey nedir?

....

....

....

....

3. Zorlandığınız ve yardım isteyebileceğiniz şey nedir? Kimden yardım isteyebilirsiniz?

....

....

....

....

4. Her zamankinden daha fazla dışarıdan destek almaya ihtiyaç duyduğunuz bir dönemi ne zaman yaşadınız? Önümüzdeki aylarda yoğun bir dönem geçirmeyi düşünüyor musunuz? Bu konuda size yardımcı olması için neleri dışarıdan temin edebilirsiniz?

....

....

....

....

5. Hayatınızda doğru şekilde yapıp yapmadığınızı merak ettiğiniz bir alan var mı? Bu yarım kalmış işleri tamamlamak için nasıl yardım alabilirsiniz?

....

....

....

....

3. Kısım

Bırakın Güneş İçinize Parlasın

10

İşler Ters Gittiğinde

Neden mutluluğu anın içerisinde bulamıyorsunuz? Mutluluk için önceden hazır olduğunuz kaç seferde kendi mutluluğunuzu yıkıntıya uğrattığınız. Mutluluğa hazırlanmak aptallıktır.

Jane Austen

Üniversitedeki son yılımda, tüm kampusta bir günlüğüne elektrikler kesilmişti. İlk ipucum, dersten önce sabah 08.00 vardiyam için iade edilen kitapları yeniden raflara dizmeye kütüphaneye geldiğimdeydi.

Kapıyı zorladım, kilitliydi ve içerisinin ürkütücü bir şekilde karanlık olduğunu görünce şaşırdım. Ancak o zaman tabelayı fark ettim: Kampus genelinde elektrik kesikti, akademik ve idari binalar kapalıydı, tüm dersler iptal edilmişti.

Haberleri oda arkadaşlarımla paylaşmak için aceleyle eve gittim. Şansımızı kutladık ve henüz pijamalarıyla olanlar üstlerini değiştirmek için acele etmediler. Bütün gün önümüzdeydi ve mutluluk verici, beklenmedik bir şekilde açıktı. Hiç kimsenin o gün için plan yapma fırsatı olmamıştı – nasıl olabilirdi ki? Bunun olacağını bilmiyorduk. 90'lardı; kimsenin biz uyurken yazılı uyarı veren cep telefonları yoktu.

Zamanlama olağanüstüydü. Harika bir bahar günüydü, sıcak ve güneşliydi. Herkes ders çalıştıkları, frizbi oynadıkları ya da arkadaşlarıyla sohbet ettikleri avluya çıktı. Kampus bir üniversite broşürünün kapağına benziyordu. Piknik tarzı yemekler kaldırımda servis ediliyordu ve yemeklerimizi içeride, her zamanki kafeterya masalarında yemek yerine dışarıda, serin çimenlerin üzerinde yedik.

İsteseniz de planlayamayacağınız türden ve hâlâ sevgiyle hatırladığım harika bir gündü. Ve o gün, bir şeyin ters gitmesiyle başlamıştı.

Bazılarımız spontane olmak ve senaryonun dışına çıkmak için fırsatlar arar, bazılarımız ise günün her dakikası için bir plan yapar. Ancak doğamız gereği "akışa göre hareket etsek" de, özenle hazırlanmış bir rutini tercih etsek de, hayat bizi doğaçlama yapmaya zorlayabilir. Kontrolümüz dışında olan şeyler kaçınılmaz olarak gerçekleşir -bakıcı gelişini iptal eder, yağmur plan değişikliği gerektirir, elektrik kesilir- ve o anda çark etmemiz, durumu en iyi şekilde değerlendirmemiz gerekir. Rotayı değiştirmeliyiz ve bunu hızlı şekilde yapmalıyız.

İşlerin ters gittiği bu anlar genellikle üstesinden gelmemiz gereken bir şeymiş gibi gelir. Şu anda bir seçim yapmak zorunda olduğumuz zamana duyarlı her türlü durum, fazla düşünme ve karar felci için koşulları olgunlaştırır.

Her duruma hazırlıklı olamayız ancak ters gidebilecek şeyler için plan yapabiliriz -ki kesinlikle de giderler. Doğaçlamaya imkân veren -böylece iyi şeyleri hayatımıza çağıran- bir yapı oluşturabiliriz çünkü işler her zaman istediğimiz gibi gitmez. Ve şu bizi avutabilir: Spontane anlar, üniversite derslerimin iptal edildiği o muhteşem bahar günü gibi, en iyi hatıralardan bazılarına da yol açabilir. Olayların beklenmedik yönde gelişmesi bizi anlık bir kargaşaya sokabilir, ancak kararlarımızı aceleyle yeniden müzakere etme kısmını atlatabilirsek, diğer tarafta neşeyi bulabiliriz. İşin püf noktası oraya nasıl varılacağını bilmektir. Haydi bunu nasıl yapabileceğimizi keşfedelim.

Bir Şeyi Seçin Gitsin

Konu gereğinden fazla düşünme olduğunda, özellikle zamanın çok önemli olduğu durumlarda, karar verme için herhangi bir fırsat tehlikeyle doludur. İyi seçenekler arasında seçim yapmak bile zordur ve eklenen zaman baskısı riskleri artırır. O anda bunalmış hissetmek ve bu nedenle kötü seçim yapmak kolaydır.

Bunu kendim de, ne yazık ki birçok kez yaptım. Bir keresinde Will ve ben Manhattan'dayken, ne yapacağımıza karar vermek yerine New York'un tadını çıkararak geçirebilmek için seyahat planımızı önceden dikkatlice planlamıştık. Bir gün Modern Sanat Müzesi'nde bir saat geçirmeyi ve sonraki saati Central Park'a doğru kuzeyde dolaşmayı planladık. Ancak kapanış saatinde müzeden çıktığımızda beklenmedik bir sağanak yağışla karşı karşıya kaldık. Bu bizim gibi hazırlıksız turistler için yürüyüş havası değildi. Ancak yakınlardaki bir sonraki planlanmış etkinliğimize kadar tam bir saatimiz vardı ve bu yüzden spontane olmak zorunda kaldık. Dolaşmak yerine, "*Neden bir fincan kahve içmek için küçük bir dükkâna veya restorana dalmıyoruz?*" diye düşündük.

Ama nereye gideceğimiz hakkında hiçbir fikrimiz yoktu; şehrin bu kısmına aşina değildik. Önceden planlamamıştık, güvenebileceğimiz bir tavsiye yoktu ve yakındaki yerlerin hiçbiri umut verici görünmüyordu. Seçeneklerimizi googlelayarak sokak köşesinde dikilmek istemedik; ayrıca, bunun için zamanımız yoktu. Ama aynı zamanda kötü bir yere düşmek, iyi olmayan bir şey için zaman ve para harcamak da istemedik. Aynı seçenekler arasında dolaşmaya devam ettik –caddede görebildiğimiz cansız görünen yerler ve daha iyi olduğunu bildiğimiz biraz fazla uzaktaki yerler– ama hiçbiri davetkâr görünmüyordu. Kötü seçim yapmaktan korktuk ve donup kaldık. Hiçbir şeyi seçmedik. Karar veremedik, bu yüzden aslında hiçbir şey yapmamaya karar verdik ve yağmurda yürümek zorunda kaldık.

Bu riskli bir durum değildi ve sonuçları ciddi değildi. Sadece biraz yağmur, öğleden sonra bir içkiydi. Ancak, başka zamanlarda oldukça makul insanların, küçük bir plan değişikliğiyle başarılı bir şekilde baş edemeyip, nasıl tamamen tutulup kalabildiklerini gösteriyor. Bu durum çok yaygındır. Kötü seçim yapmaktan korkuyoruz, bu yüzden hiçbir şey seçmiyoruz – bu doğru karar olduğu için değil, ortadaki karmaşıklığı aşamadığımız için. Biz fazla düşünmemizi bir kenara bırakıp harekete geçemedik. "Karar verememek", eğlenceli bir şey yapmamak için berbat bir nedendir, ancak bu her gün yaşanır. Ne yapacağımızdan emin olmadığımızda veya yorgun veya bunalmış hissettiğimizde, varsayılan statükoya döneriz... Bu da hiçbir şey yapmıyoruz demektir.

O seferki sonuçlar ciddi olmayabilir, ancak durum her zaman böyle olmayacak. Daha iyisini yapmayı öğrenmemiz gerekiyor.

Bir içki ve atıştırmalık için barlara ve restoranlara dalmak konusunda uzman olan bir arkadaşım var. Seyahat ettiğinde, ülkenin her yerinde durup bir şeyler içmek veya bir şeyler yemek için harika yerler bulur. New York'taki hayal kırıklığı yaratan deneyimimden sonra, ona nereye gideceğini doğaçlama nasıl seçtiğini sordum. Onun sırrı nedir?

"Bunu her zaman yapıyorum" dedi. "Bu yüzden bu artık bir alışkanlık haline geldi." Kısa sürede bir sürü harika yer bulmasına rağmen, aynı zamanda tam anlamıyla işe yaramaz bazı yerleri de ziyaret ettiğini açıkladı. Ama hemen hemen her şeyi denemeye hazır.

"Sırrımı mı istiyorsun?" diye sordu. "Olabilecek en kötü şey o kadar da kötü değildir. Bu yüzden sadece bir şey seçiyorum."

İlerlemek için bir karara ihtiyaç duyulduğu açık olduğunda, yapabileceğimiz en kötü şey harekete geçmemektir. Bir seçim yapmak -herhangi bir seçim- seçeneklerimizi değerlendirmeye takılıp kalmaktan, anın geçip gitmesine izin vermekten daha iyidir. Bir daha böyle bir kararla karşılaştığınızda, arkadaşımın zihniyetini benimsemeyi deneyin. Bir şey seçin gitsin, herhangi bir şeyi. Bu hiçbir şey yapmamaktan iyidir ve ayrıca plana göre gelişmeyen şeyler genellikle en güzel anıları oluşturur. Peki ya işlerin ters gittiği bu anlara direnmek yerine, diğer tarafta bizi iyi şeylerin bekleyebileceğini bilerek karara yaslansak?

İyi Şeyler Bekleyerek Adapte Olun

Bakış açımız, elimizdeki durumla ne kadar iyi başa çıktığımızı etkiler. Risklerin yüksek olduğunu algıladığımızda, özellikle mükemmeliyetçiliğe yatkınsak, donup kalma olasılığımız daha yüksektir. Kendiliğindenlik (spontanelik) ortaya çıktığında (ha!), kasıtlı olarak düşük riskli bir düşünce yapısını benimsemek yararlıdır. İdeal seçeneği seçmeye çalışmak yerine, en iyi anıların çoğu zaman yanlış giden bir şeylerle başladığını kendimize hatırlatarak, iyi olan birini seçmeyi hedefleyebiliriz. Ve sonra, planların değişmesine direnmek yerine, iyi şeyler bekleyerek adapte olun. Bir bonus olarak, bu endişemizi azaltır ve böylece de karar vermeyi kolaylaştırır.

Üniversitemde elektrikler kesildiğinde, değerli tek bir izin günümüzden en üst düzeyde faydalanmak için üzerimizde bir baskı hissetmedik. İçeride kalıp saatlerce seçeneklerimizi değerlendirmedik, çünkü her şeyi berbat etmemiz mümkün değilmiş gibi hissettik. İronik olarak, zamanımızı iyi değerlendirmek için kendimizi baskı altında hissettiğimizde bunu yapmak daha zor olabilir. Hiçbir baskı hissetmedik ve günün tuhaflığına adapte olduk, iyi şeylerin olmasını umduk ve o iyi şeyleri bulduk.

Birkaç yıl önce, Will ve ben, size bahsettiğime benzer bir New York deneyimi daha yaşadık, ama bu sefer ters giden an ile çok daha iyi başa çıktık. Eğlenceli ve verimli bir iş gezisinin son sabahıydı. Şehirde sadece birkaç saatimiz daha vardı; çantalarımız çoktan toplanmıştı ve belboy ile birlikte bekliyorduk, böylece öğleden sonra 02.00 uçuşumuz için havaalanına gitmeden önce serbestçe etrafı keşfedebilirdik. Telefonlarımız aynı mesajla cıvıldadığında 11 Eylül anıtında dikiliyorduk: Uçuşumuz iptal edilmişti, o gün başka uçuş yoktu ve ertesi sabah uçmak için rezervasyonumuz yeniden yapılmıştı. Will ve ben birdenbire kendimize New York'ta fazladan on sekiz saat bulmuştuk.

Bunun olmasını istemezdik; eve gelmeyi planladığımız tarihi seçmemizin iyi bir sebebi vardı. Ancak seçeneklerimizi gözden geçirdikten ve gerçekten fazladan bir gece için şehirde "sıkışıp kaldığımızı" doğruladıktan sonra, olasılıkların tadını çıkardık. Bu zaman ile ne yapabilirdik?

Şehirdeki önceki günlerin her dakikasını dikkatlice planlamıştık, ancak şimdi on sekiz serbest saatle karşı karşıya olduğumuzdan, onları "en iyi" nasıl geçireceğimiz konusunda paniğe kapılmadık. Her şey bonus zamanı gibi görünüyordu ve her şeyi denemeye hazırdık. (En azından evde çocuklarımızın bir gece daha annemle kalabileceğini ve aynı otele geri dönebileceğimizi doğruladıktan sonra.) Dikkatli bir planımız yoktu, çünkü nasıl olabilirdi ki? Hâlâ buralarda olmayı beklemiyorduk ama madem öyleydik, o halde bu zamanı iyi değerlendirirdik. Bunu hiçbir şekilde mahvedemezmişiz gibi hissettik.

Unutulmaz şeyler yapmaya çalışmıyorduk; durumun kendisi yeterince akılda kalıcıydı. Gitmeye vakit bulamadığımız bir müzeye gittik, o civarda umut verici görünen bir yerde yemek yedik ve kilometrelerce yürüdük.

Will ve ben uçuşumuzun iptal edilmesini seçmemiş olsak da, diğer zamanlarda bizi senaryonun dışına çıkaran kendi hatalarımızdır. Arkadaşım Bill'den şu örneğe bakın.

O ve karısı Sheila, seyahat ettiklerinde şarap imalathanelerini gezmekten keyif alırlar ve genellikle hatıra olarak eve getirmek için şişelerce şarap satın alırlar. Sıradan bir salı, Sheila akşam yemeğinin yanında içmek için bir şişe şarap açtı. İki bardak doldurdu ve bir yudum alarak "Bu gerçekten çok iyi" dedi. Bill bir yudum aldı ve onayladı. İnanılmaz derecede iyiydi. Bill ne içtiklerini görmek için etikete yakından baktı ve o zaman hatalarını anladı - özel bir gün için sakladıkları seksen dolarlık şişeyi istemeden açmışlardı! Karışıklık için büyük bir pişmanlık yaşayabilirlerdi ancak pişmanlık duymak yerine "hatalarına" adapte olmaya karar verdiler. Sıradan salı akşamları, bekledikleri özel güne dönüştü. Bez peçeteleri çıkardılar, mumları yaktılar ve geçmişte ziyaret ettikleri ve gelecekte ziyaret etmeyi umdukları şarap imalathanelerinden bahsederek akşam yemeğinde uzun bir vakit geçirdiler. Bu ziyaretlerden eve daha çok hediyelik şaraplar getireceklerdi, geleceğin özel, sıradan gecelerini yaratacak şaraplar.

Aklıma Alexander Payne'in filmi Sideways'ten bir sahne geldi; burada Miles, arkadaşı Maya'ya, özel bir günü beklediği için bir 61 Cheval Blanc'ı henüz açmadığını itiraf eder, öyle uzun zamandır elindedir ki bozulma tehlikesi vardır. Maya, "61 model Cheval Blanc'ı açtığın gün, özel bir gündür" diyerek onu cesaretlendirir.

Beklenmedik Şeyler İçin Pay Bırakın

Bazen spontanelik üzerimize zorla atılır, peki ya senaryodan sapıp sapmama seçeneğine sahip olduğumuz zamanlar? Spontane olmaya zorlanmak yerine böyle olmaya davet edildiğimizde? Hayatımda beklenmedik şeylere yer açarsam, o anlara adapte olmanın çok daha kolay olduğunu gördüm.

Yüzde yüz kapasite ile çalıştığımızda planlarımızdan sapmamız mümkün değildir. Marjımız yoktur. Ancak programlarımızda yer açarak, yani kapasitelerinin sonuna kadar dolup taşan hayatları ve takvimleri sürdürmeyerek daha iyi doğaçlama yapabiliriz. Bunu yapmanın yollarından biri, işlerin ters gideceğinden ve programların bozulacağından emin olarak, işleri teslim tarihlerimden önce teslim etmeyi planlamaktır. Birisi grip olur, internet bağlantısı kopar, dizüstü bilgisayarımdaki boşluk çubuğu tam da yanlış zamanda bozulur. (Evet, bu gerçekten oldu.)

Hazırlıklı olduğumuzda, ister bize doğru itilsinler, ister biz onları davet edelim, ortaya çıktıkları anda fırsatları yakalamaya hazır oluruz. Bazen planlar bozulur ve daha önce konuştuğumuz gibi onları yeniden ayarlamamız gerekir – ama bazen karşımıza hiç beklemediğimiz bir fırsat çıkar.

Pay bıraktığımızda, sadece işlerin ters gitmesine hazırlanmıyoruz. Ayrıca işlerin beklenmedik bir şekilde doğru gitmesine de hazırlanıyoruz. Ben gençken, annem bana hep ödevimi erken yapmamı söylerdi, böylece bir arkadaşımla oynamak istersem yapabilirdim. Ev ödevimi bitirmek için telaşlanarak eve tıkılıp kalmazdım. Artık bir yetişkin olduğum için bu tavsiye doğru olmaya devam ediyor – ayrıntılar şimdi biraz farklı görünse bile.

Hazırlıklı olduğumuzda, fırsatlardan ortaya çıktıkları anda yararlanabiliriz. Kendinize kişisel ilişkilerinize değer verdiğinizi söylemek bir şeydir, ancak bunu hakkını vererek yaşamak için programınızda yer açmak başka bir şeydir. Örneğin: Bir arkadaşımın evine bir şey bırakıyorsam ve o beni bir fincan çay içmeye davet ederse, bazen cevap hayır olmalıdır. Ama günlerime pay bırakmayı alışkanlık haline getirirsem, yapılacaklar listemi tamamlama konusunda paniğe kapılmadan evet diyebilirim. Kapıdan dışarı fırlamak yerine oturup güzel bir sohbete vakit ayırabilirim.

Programlarımızda kıpırdama alanımız olduğunda, hayatın bize sunduğu anlarda orada olmayı seçebiliriz. Bunlar bazen bizi şaşırtır ama bazen de, tıpkı geçen sene arkadaşımızın kadro başvurusuyla ilgili haberleri heyecanla beklediğimizde olduğu gibi geldiklerini görebiliriz. Uzun bir süreçten sonra, sonucu bugün yarın öğreneceğini biliyorduk. Will ve ben, iyi haberi duyduğumuz gün, yapılacaklar listemize bir kez daha baktık, marjımız olduğunu gördük ve bir şişe şampanya almak için şarap dükkânına koştuk. Tam o anda, gün ortasında şampanyayı evine bıraktık ve kendisini bizzat tebrik ettik. Programlarımıza boşluk bırakma pratiği yapmamış olsaydık bunu yapamazdık.

Hayatta kalma modunda olmamak, kendiliğindenliği kucaklamanın böylesine bir prodüksiyona gerek olmadığı anlamına geliyor. Bu, büyük bir son teslim tarihinden hemen önce birinin grip olması ihtimaline karşı fazladan süre dahil etmemizle aynı nedendendir, ancak bu onun eğlenceli versiyonudur.

Eviniz yeterince düzenliyse misafirperver olabilirsiniz (ya da temizlemek için her şeyi çamaşır sepetine yığmaya hazır olabilirsiniz). Ev işleriniz bittiyse (veya en azından çok geç kalmadıysanız), fırsat karşınıza çıktığında arkadaşlarınızla eğlenceli bir şeyler yapmakta özgürsünüz. Ailemiz, arkadaşlarla karşılaşmak ve onları öğle yemeği için evimize davet etmek gibi, kendiliğinden oluşan bu fırsatları kasıtlı olarak benimseme konusunda daha iyi hale geldi. Buzdolabı dolu olduğunda ve iş az çok yapıldığında, hayatımıza daha fazla planlanmamış neşe getirmek için yer açılır.

Farklı olduğu için, rutinden çıkmak bilhassa unutulmaz olabilir. O yüzden adapte olun. Belki güzel bir günbatımı olacağını bir anda fark edersiniz, bu yüzden iyice bakmak için yürüyüşe çıkarsınız. Belki hava son derece güzeldir, bu yüzden cumartesi işlerinizi bir kenara bırakıp parka gidersiniz. (Güzel ve bu mevsimde görülmeyecek bir şekilde sıcak bir günde, tam da bu nedenle, genellikle tüm şehir parktaymış gibi görünür.) Bu gibi durumlarda, statükonun her zaman daha kolay yol olduğunu kendinize hatırlatmanız gerekebilir. Ancak evde kalmak unutulmaz değildir – harekete geçmek için bir nedeniniz var!

Bu Fırsatlardan Yararlanın

Planınız ters gittiğinde veya rutininiz bozulduğunda sevinmeyebilirsiniz; pek çok fazla düşünen insan, doğası gereği yapıya ve öngörülebilirliğe bağlı kalır. Rutinlerinizin ve planlarınızın –pay bıraktığınızda– kendiliğindenlik (spontanelik) için alan yarattığını dikkate alın.

Beklenmedik bir karar anı ile karşı karşıya kalındığında, donup kalmak kolaydır. Ama iyi şeylerin olduğu diğer tarafa geçmek için belirsizlik ve kararın karmakarışıklığının ortasına girmelisiniz. Neşe o yolun sonundadır ve tek çıkış yolu oradan geçmektir.

Tabii, bu zor olabilir. Çark etmek zorunda kaldığınızda, karar vermeniz gerekir ve belki de bunu istemiyorsunuz. Direncin en az olduğu yoldan gitmek daha kolaydır. Ancak kendiliğindenlik konusunda akıllı davranmak için haklı nedenler vardır. Bu fırsatları boşa harcamayın; onlardan yararlanın.

Sonraki Adımlar

1. İşler beklenmedik bir şekilde değiştiğinde tipik olarak nasıl tepki verirsiniz?

....

....

....

....

2. Yaptığınız en son spontane şey neydi? Sonuç ne oldu?

....

....

....

....

3. Bir "hata" nedeniyle hiç özel bir an yaşadınız mı? Bu neydi?

....

....

....

....

4. Ne zaman "sadece bir şey seçmeyi" başardınız?

....

....

....

....

5. Beklenmedik durumlar için şu anda hayatınızda bir pay bıraktığınızı düşünüyor musunuz? Evet ise, işe yarayan şey nedir? Hayır ise, bu marjı nasıl dahil edebilirsiniz?

....

....

....

....

11

Güvenilecek Ritüeller

Al, ritüellerin sayılara çok benzediğine karar verdi; hayatın kaotik selinde rahatlatıcı bir sağlamlık sunuyorlardı. Ama ritüeller bundan da fazlasıydı. Bir ritüel, zamanı tutmanın dondurmanın değil– tam tersine, hayal gücünüzün dokunuşuyla onu ısıtmanın bir yoluydu.

Erica Bauermeister

Kaçımız güne sabah kahvesi ile başlıyoruz?

Kapıdan çıkarken seyahat kupanıza kahve koyabilir, işe, spor salonuna ya da otobüs durağına giderken kafeini yuvarlayabilirsiniz. Ancak yeni bir uygulamayı benimsediğinizi hayal edin. Belki de ilk yudumların tadını çıkarmak için bir an ayırmaya karar verirsiniz. Belki de kahvenizi içerken şükran duyduğunuz birkaç şeyi saymaya ve gelecek güne yönelik basit amaçlar belirlemeye karar vereceksiniz. İlk seçenek rutindir, ancak ikincisi için ritüel, içtiğiniz şey kadar önemlidir.

Sahnenin şöyle geliştiğini hayal edin. Sabahınız tıpkı diğer milyonlarca insanınki gibi başlıyor: Yataktan sendeleyerek kalkıyorsunuz ve doğruca mutfağa gidiyorsunuz.

Eskiden çaydanlığın içindeki suyun ocakta kaynamasını beklerdiniz, ama sonunda gözünüze kestirdiğiniz o elektrikli su ısıtıcısını satın aldınız – uyandığınızda suyu sıcak ve hazır hale getiren programlanabilir elektrikli su ısıtıcısını. Böyle soğuk sabahlarda, yataktan kalkmak için en güçlü motivasyonunuz bu, çünkü ilk fincan kahvenin sadece birkaç dakika uzakta olduğunu biliyorsunuz.

Tartıyı çıkartıyor, kahve çekirdeklerini ölçüp öğütücüye atıyorsunuz. Önce ses kulaklarınıza çarpıyor, ardından mutfağı taze çekilmiş kahve kokusu dolduruyor. Taze çekilmiş çekirdekleri filtreye döküyorsunuz ve ölçeğin bardağınızı dolduracak 350 grama doğru kaymasını izleyerek dökmeye başlıyorsunuz. Sihirli sayıyı tam alnından vurmayı seviyorsunuz.

Suyu dökerken bir şeyler okumak için birkaç dakika çalardınız ama artık bunu yapmıyorsunuz. En azından bu ilk fincan için, gün kendi akışında ilerlemeye başlamadan önce, şimdi burada olanlara odaklanmayı sevdiğinizi öğrendiniz. Ve böylece ritmik daireler çizerek, filtrede kahvenin çiçek açmasını seyrederek, fincanınıza damlamasını dinleyerek, kokunun nasıl değişip daha fazla ortaya çıktığını gözlemleyerek suyu döküyorsunuz.

Birkaç fincan arasında gidip gelmeye meyillisiniz, ancak bu sabah en sevdiğinizi kapıyorsunuz, temiz ve dolapta sizi bekliyor. Demlediğiniz kahveyi, fincanınıza dökülen sesinin tadını çıkararak döküyorsunuz.

Yeni doldurduğunuz fincanınız, günlüğünüz ve sabah okumanız ile sandalyenize oturuyorsunuz. İlk yudumların tadını çıkarıyor, iyi kahve hediyesi için şükrediyor, sonra kitabınızı alıyorsunuz. Şu anda bir Parker Palmer kitabıyla ilerliyorsunuz. Sadece birkaç bölümünüz kaldı; sonra ne okuyacağınızı aylakça merak ediyorsunuz. Alıp da okumadığınız şiir koleksiyonlarından biri olabilir mi? Her sabah birkaç şiir, günün havasını belirleyecek şey olabilir. Ama şimdi bunu düşünmenin zamanı değil, o yüzden bu düşünceyi bir kenara atıp Palmer kitabını alıyorsunuz.

Bölüm kısa, bu yüzden başka bir tane okuyorsunuz. Zamanınız var. Şu anda zamanınız bolmuş gibi geliyor. Kahvenizin yarısı bittiğinde, günlüğünüze uzanıyor ve dün gece yaptığınız bugünün yapılacaklar listesine bir göz atıyorsunuz. Artık uyandığınıza ve kendinizi dengede hissettiğinize göre, günün neler getireceğini görmeye hazırsınız.

Güne bir fincan kahve ile başlayabilirsiniz. Ya da günlük rutininizi alıp, sizi kim olduğunuzu, neye değer verdiğinizi ve neyi başarmak istediğinizi hatırlamaya davet eden bir ritüele dönüştürebilirsiniz.

Rutinler Nasıl Ritüel Haline Gelebilir?

İlk bakışta, ritüeller ve rutinlerin çok ortak noktası vardır. İkisi arasındaki fark, eylemin kendisi olmak zorunda değildir, fark eylemin arkasındaki tutumdur. Rutin, amaca uygunluk için yapılır. Ancak ritüel, bugün hâlâ kullanılan bir çağrışım olan dini ayinlerle ilgili şeyleri tanımlayan Latince bir kelimeden türemiştir. Kelime aynı zamanda bir kişinin alışkanlıkla ve sürekli olarak, neredeyse dini bir ibadetmişçesine yaptığı bir şeye de atıfta bulunabilir. Ritüel, aklımızda daha yüksek bir amaç için yaptığımız bir şeydir.

Olaylar hakkında nasıl düşündüğümüz, onları deneyimleme şeklimizi değiştirir. Bu, ritüeller için geçerlidir – güçlerini ve zevklerini deneyimlemek için bir törene veya özel bir duruma ihtiyacımız yoktur. Ritüeller düzenli olarak yapılabilir, küçük şeyler etrafında inşa edilebilir. O sabah kahvesi alışkanlıktır (rutin) ama aynı zamanda anlamlı hale getirilebilir (ritüel) – ve ben sadece kafeinden bahsetmiyorum.

Bir rutini yükseltip onu bir ritüel haline getirmek zor olmak zorunda değildir. Hafta sonu sabahları kız kardeşinizi düzenli olarak arayabilirsiniz. Ya da onu kasıtlı olarak arayabilir, cumartesi gününü en sevdiğiniz koltuğa, elinizde telefonla kıvrılıp sadece o sabah aklınızdan geçenleri değil, aynı zamanda geçen haftanın önemli olaylarını, gelecek hafta ve anne babanız, çocuklarınız, işinizle ilgili endişeleriniz, umutlarınızı paylaşmak için bir zaman ayırabilirsiniz. Biri rutin; diğeri ise ritüeldir.

Zor bir haftanın ardından yorgun olduğunuz ve akşam yemeğini düşünmeyi kaldıramadığınız için cuma geceleri rutin olarak pizza sipariş edebilirsiniz. Veya cuma pizza gecesi bir ritüel olabilir. Çalışma haftası bittiğinde, hafta sonunu müziğin sesini biraz açarak, bir şişe şarap açarak, hamuru sevgiyle açarak ve ardından pizza pişerken bir salata hazırlayarak karşılayabilirsiniz. Çok geçmeden oturup cuma gecesi geleneğiniz olan ev yapımı yemeğinizin tadını çıkarmaya hazırsınız. Ayrıca sevgiyle Domino's sipariş edebilirsiniz; bu, benim evimde ateşli bir şükran ruhuyla sık sık yaptığımız bir şeydir. Onu bir ritüel yapan pizza değil, arkasındaki tavırdır.

Bir şeyi ritüel statüsüne yükseltmek fazla bir şey gerektirmez; her şey senin ona yaklaşma biçiminle ilgilidir. Arkadaşım güneşli Arizona'dan karlı Utah'a gittiğinde, ailesi onlar için yeni olan kış iklimine uyum sağlamakta zorlandılar. Böylece her yıl sıcak bir yere seyahat etmeye karar verdiler. Ve önemli bir şey daha yaptılar. Herkese yolculuğun arkasındaki amacı hatırlatmak için ona bir isim verdiler: Kıştan Kaçış Gezisi. Bu basit hareket, geziyi daha amaçlı ve önemli hissettirdi. Bu isim herkese neden gittiklerini, neden buna ihtiyaç duyduklarını, bunun onlar için ne anlama geldiğini ve bir aile olarak kim olduklarını hatırlattı. İsim, yolculuk hakkında ve kendileri hakkında düşündüklerini değiştirdi.

Tutarlılık kilit nokta olsa da, ritüelin aldığı biçim değişebilir. İster yılın mevsimi, ister hayatın mevsimi olsun, ritüelleriniz mevsimlere göre değişebilir. Sabahın erken saatlerinde su kenarında koşmak kışın soğuğunda işkence olabilir ama temmuz sıcağında olmazsa olmazdır. Mevsimler değiştikçe, güçlendirici bir ikindi çayı, güçlendirici bir ikindi buzlu içeceğine dönüşebilir. Ayrıntıları gerektiği gibi uyarlarken ritüele güvenebiliriz.

Ritüelin Gücü

Ritüel için herkese uyan tek bir yaklaşım yoktur. Arkadaşınızın işine yarayan ritüel, sizin yapmak isteyeceğiniz en son şey olabilir ve bunda bir sorun yoktur. Ritüelin gücü sabah kahvesinde ya da cuma pizzasında ya da vuruşu yapan oyuncunun atıştan önce kaleye dört "şanslı" dokunuşunda değil, *ritüelin kendisindedir*. Genel olarak konuşursak, ritüelin ne olduğu çok az önemlidir. Bir ritüel -herhangi bir ritüel- belirli bir düşünce yapısı oluşturur; belki de bu yüzden ritüeller, önemli olmadığını iddia edenlere bile fayda sağlarlar. Bir rutin bizim için faydalı olduğunda, ona dikkat etmemiz gerekmez, ancak bir ritüel bizi yaptığımız şeye tam olarak katılmaya çağırır – bir fincan çayın tadını çıkarmak kadar basit olsa bile. Belirli eylemin önemi yoktur, önemli olan onun ritmi, düzenliliği ve anlamıdır. Ritüellerle, her deneyimle taze ama aynı zamanda bizi destekleyen bir ritimle buluştuğumuzda, hayatımıza amaçlı olarak gireriz.

Ritüeller Farkındalık Uygulamamıza Yardımcı Olur

Bir rutini düşüncesizce takip edebilirken, aynı şeyi bir ritüelle yapamayız. Bir ritüel, rutinin ritmini odaklanmış dikkatle birleştirir – bu da fazla düşünmekten kaçınmak için güçlü bir kombinasyondur. Şu ana odaklandığımızda fazla düşünmek zordur. Ritüel aynı zamanda bizi yavaşlamaya da zorlar ve bedenlerimizi kasten yavaşlattığımızda, zihinlerimizi de yavaşlatırız.

Ritüelimiz sırasında ne düşündüğümüz önemli değildir. Önemli olan, düşünmediğimiz her şeydir. Zihnimiz önümüzde olana odaklanır. Gün ilerledikçe yoldan sapacak mıyız? Elbette öyle yapacağız. Ama doğru yönü belirlersek çok daha az dolanıp dururuz.

Doğru sabah ritüeli, bizi günümüze amaçlı olarak yaklaşmaya teşvik eder. Bilerek kahve içerek, şükran pratiği yaparak ve günlük kaydı yaparak başlarsak, o süreyi sakin, dengeli ve büyük resmi göz önünde bulundurarak güne başlamaya hazır hissederek tamamlarız. Sabahın erken saatlerindeki bu ritüel, günü şekillendirir ve zihni odaklar, bunlar fazla düşünmekten kaçınmak isteyenler için iki değerli uygulamadır. Aceleye getirilmiş veya rahatsız hissetmeyeceğiz. Biz o anda mevcut olacağız. Odağımızı amaçlı olarak belirlemediğimizde, zihnimiz nereye isterse oraya gider ve bu korkutucu olabilir.

Bir uyarı. Dikkatinizi yanlış şeylere odaklayan ve fazla düşünmeyi körükleyen bir ritüeli istemeden de olsa benimsemek mümkündür. Belki sabah ritüeliniz, sabah kahvenizi içerken haber sitelerinde gezinmeyi içeriyordur. Niyetiniz iyidir – bilgili bir vatandaş olmaya değer veriyorsunuz ve güne güncel olaylar hakkında bilgili başlamak istiyorsunuz. Ancak önceliklerinize odaklandığınızı hissetmek yerine, bilgi bombardımanına tutulmuş hissediyorsunuz ve sabahın geri kalanını manşetler yüzünden endişelenerek geçiriyorsunuz.

Sabah ritüeliniz sizi güne başlarken stresli ve dağılmış hissettiriyorsa, bunun yerine sizi doğru zihin boşluğuna yönlendirecek sessiz okuma materyalleri seçin. Neye odaklanmayı seçtiğiniz önemlidir. Sabah ritüeliniz tüm günün gidişatını belirler, bu nedenle sizi fazla düşünmeye hazırlayan, böylece sizi ritüellerin getirebileceği anlam ve huzurdan mahrum bırakan ritüellerden kaçının.

Ritüeller Kendimizi Sıfırlamamıza Yardımcı Olur

Zihnimiz gün içinde kaçınılmaz olarak dolanırken, ritüellerimiz düşüncelerimizi nazikçe ait oldukları yere doğru itebilir. Uzun yıllar boyunca, bir ibadetmişçesine öğleden sonra saat iki ritüelini uyguladım. Olağandışı öğle tatilimden ne zaman bahsetsem, insanların ilgisini çekti ve ayrıntılar için beni sorguya çektiler.

O zamanlar sabahları olabildiğince hızlı çalışarak geçirirdim. Zihinsel ve fiziksel enerjim öğleden sonra erken saatlerde tahmin edilebileceği gibi kaybolacaktı ve saat ikide hapı yutmuş oluyordum.

Bilgisayarımı kapatır, bir fincan kahve yapar, bir kitap alır ve on beş dakika okurdum. Bu kısa kendini şımartma süresi, günüm o ana kadar dengesiz ve kontrolden çıkmış olsa bile, bir denge ve kontrol duygusu sağlardı. Ardından, günün geri kalanında yapılacaklar listemi gözden geçirmek için birkaç dakika harcar ve işe dönmeden önce önceliklerimi yeniden konumlardım.

Bu ritüel bir dur işareti, arıza durumunda güvenli mod, bir anlamda bana yeniden başlama şansı veren, fazla düşünmeden arınmış bir mola adası işlevi gördü. Zihnim ne kadar yoldan çıkmış olursa olsun, öğleden sonra ikide sıfırlama düğmesine bastım. Mecbur kalırsam sadece yirmi dakikada tamamlayabileceğim öğle tatilimi bitirdiğimde, kendimi tazelenmiş ve günün geri kalanıyla amaçlı şekilde uğraşmaya hazır hissettim. Ve bu ritüeli en çok okurken gerçekten sevsem de, sabahları da bana yardımcı oldu. Yorgun veya rahatsız olduğumda da öğleden sonra iki sıfırlamasının ufukta olduğunu bilmek moral veriyordu.

Bir keresinde öğleden sonra iki ritüelim hakkında blog yazdığım için birçok okur, yıllar boyunca bu yazıyı okuduktan sonra uygulamak için ilham aldıkları öğleden sonra ritüellerini anlatmak için bana yazdılar. Kalıp çarpıcı olmuştu. Okurlarımın yanıtlarına göre, etkili bir gün ortası sıfırlaması, biraz zevk (benim kahvem ve kitap okumam gibi), biraz önceliklendirme ve biraz gezinme (birkaç okuyucu açık havada hızlı bir yürüyüş ya da koşu ya da başka türlü geçirilen zamanın faydasına inanıyordu) içermelidir.

Kendi ritüellerinizi oluşturmak istiyor ancak nereden başlayacağınızdan emin değilseniz, bu unsurların diğer okurlara faydası olduğunu bilin. Yine de, ritüelin ne olduğu önemli değil, sadece onu tutarlı bir şekilde izlemeniz önemlidir.

Akşam Ritüelleri Uyumaya Hazırlanmamıza Yardımcı Olur

Birçoğumuz için yatma zamanı, fazla düşünme zamanıdır. Yatakta uzanırız, düşüncelerimiz biten günün olaylarına doğru sürüklenir, farklı şekilde yapabileceğimiz şeyleri düşünür ve yarının ne getireceği konusunda endişeleniriz.

Uyku vakti, ritüelin gücünü kullanmak için harika bir zamandır. Huzur içinde uykuya dalabilmeniz için bedeni huzurlu bir ruh haline sokar.

Bir bonus olarak, düzenli, kaliteli uyku –ve yeterince uyku– fazla düşünmemek için çok önemlidir, böylece sabahları fazla düşünmemek için daha hazırlıklı olursunuz.

Bazı insanlar sakin müzikler dinler, esneme hareketleri yapar veya yatağın yanında tuttukları bir günlüğe yazarlar. Yatmadan önce ben ne yapmaktan hoşlandığımı biliyorum. Mutfaktan başlıyorum çünkü ertesi sabahı düşünmenin bana zamanında yatmak için ilham verdiğini keşfettim. Sabah yakacağım mumu seçiyorum ve uyandığımda su sıcak olsun diye su ısıtıcısının zamanlayıcısını ayarlıyorum. Işığı kapatmadan önce yaptığım son şey ilginç bir romanın birkaç bölümünü okumaktır – ama çok geç saate kadar uyanık kalmayayım diye bir gerilim romanı değil. Yatmadan önce kurguyu tercih ederim, çünkü yatmadan önce kendi kaygılarıma takılıp kalmak yerine, kurgusal karakterlerin sorunlarına odaklanır ve kendi sorunlarım yerine onların sorunlarını düşünerek uyurum.

Ritüeller Bizi Birbirimize Bağlar

Güçlü ilişkiler bizim için iyidir ve ritüeller onları inşa etmenin mükemmel bir yoludur. İbadetmişçesine uyguladığınız ayakta bir kahve randevusu, bilinçli şekilde bir araya gelmeyi kutlayan arkadaşlarla bir akşam yemeği kulübü veya hafta içi bir aile yemeği kadar basit olabilirler. Aile yemeğiyle ilgili bol miktarda araştırma yapıldı ve sonuçlar şaşırtıcı: Bu basit ritüel çocukların duygusal istikrarını artırıyor; kimlik, özgüven ve bağlılık duygularını güçlendiriyor; ve dayanıklılık ruhlarını derinleştiriyor – ki bunların hepsi, onlara dünyaya (ya da, kabul edelim, kendi zihinlerinin mağaralarına) çıkmaları için güçlü bir temel veren niteliklerdir. Bu güçlü temel, özellikle geçiş veya artan stres zamanlarında faydalıdır.

Akşam yemeği saatinde olağanüstü bir şey yoktur. Önemli olan, başkalarıyla bir araya geldiğimizde ne olduğudur – yemeğin insanları orada bulunmaya motive ettiği doğru olsa da.

Aslında annem, büyükannesinin tüm torunlarıyla yakın ilişkiler kurduğuna yemin ediyor çünkü cumartesi sabahı kahvaltı için tüm aileye her zaman geçerli bir davetiye sunmuştu. Gelirlerse yemek yapacaktı. Geldiler ve yaptı. Yemek olmasaydı, gelmek için bu kadar motive olamazlardı. (O zamanlar torunlarının çoğu ergenlik çağındaki erkek çocuklardı ve büyük büyükannem ritüeli kahvaltı etrafına inşa etmesinin tesadüf olmadığını söylerdi!) Önem yemekten değil, masada olan şeylerden geliyordu: topluluk duygusu, sohbet ve beraber olmaya sadakat.

Arkadaşlarımız Dave ve Amanda geçen yıl İsrail'e gittiler ve orada Yahudilerin uyguladığı Şabat ayinini ilk elden gördüler. Bütün topluluk, cuma günbatımından cumartesi akşamı gökyüzünde üç yıldız görünene kadar haftalık bir dinlenme günü uygular. Arkadaşlarımız Yahudi değil, ancak onları İsrail'de ağırlayan Yahudi aile, dünyayı görme biçiminde bir fark yaratıp yaratmadığını görmek adına uygulamayı evlerinde denemeleri için onları teşvik ettiler. Denediler ve yarattı.

Dave ve Amanda Şabat'tan ilham alan ritüelleri için ellerinden gelen her şeyi yaptılar. (Amanda'ya bunu gözlemlediğimde güldü. "Dave hiçbir şeyi yarım yamalak yapmaz" dedi.) Yeni ritüelleri özel yemekler, kısa bir dua okuması, sık sık gelen misafirler ve katı bir ekran yasağı kuralından oluşuyordu. Dave ve Amanda bir cuma akşamı ailemizi kendilerine katılmaya davet ettiler ve Dave davetiyeyi aylar öncesinden yayımladı. Bir cuma gecesi sadece bir şişe şarapla geldik. Dave'in her hafta hazırladığı tarifin aynısı olan kendine özgü tarifiyle tavuk şimdiden ızgaradaydı. Dave'in seçtikleri duaları okumasının ardından yemeği mum ışığında yedik ve yedikten sonra akşamın ilerleyen saatlerine kadar kadar arka verandada oyalandık.

Ritüelin faydalarını deneyimlemek için Dave'in yaptığı gibi her şeyi yapmak zorunda değilsiniz. Basit bir yemeği ya da buluşmayı, ona değer verdiğinizi belirterek bir ritüele yüceltin: Masayı kurun, bir mum yakın, ortasına biraz çiçek yerleştirin veya arkadaşlarınızla veya ailenizle geçirdiğiniz zaman için bir teşekkür konuşması yapın. Dört başı mamur olsun diye dördünü de yapabilirsiniz. Ama asıl mesele süs ve aksesuvarlar değil, insanlardır.

Daha Az Miktarda Fazla Düşünen Bir Kişi Olmak

Ritüeller, hem proaktif olarak odağımızı yönlendirerek hem de gerektiğinde fazla düşünmeyi oracıkta durdurarak günlük olarak fazla düşünmeyi bırakmamıza yardımcı olur. Ancak ritüelleri uygulamanın faydaları zamanla biriktiğinden, ritüeller uzun vadede fazla düşünmeyi bırakmamıza da yardımcı olur. Çünkü düzenli ritüel uygulaması, günümüze ritim ve anlam katar ve bağlılık duygumuzu artırır.

Belki de beklenmedik bir şekilde, ritüeller kimlik duygumuzu da güçlendirir ve bize bir güvenlik duygusu verir. Çünkü ritüeller sadece yaptığımız değil, seçtiğimiz şeylerdir. Ritüeller, önceliklerimizi, sağlığımızı ve ilişkilerimizi bilinçli olarak destekler. Küçük dünyamızı daha iyi ve daha huzurlu bir yer haline getirirler. Ergin ve sağlıklı olduğumuzda, daha az düşünürüz. İnsanlarla bağlantı kurduğumuzda ve desteklendiğimizi hissettiğimizde, bocalama olasılığımız daha düşüktür.

Ritüelin gücünü kucaklamak istiyorsanız, mükemmel olanı bulma konusunda strese girmenize gerek yok. Bunun yerine, basitçe başlayarak ve faydalarının tadını çıkararak hayatınıza daha fazla ritüeli dahil etmeyi hedefleyin. Çünkü faydaları çoktur.

Sonraki Adımlar

1. Şu anda hangi ritüellere yaslanıyorsunuz?

....

....

....

....

2. Gerçekleştirmek istediğiniz ritüeller var mı? Onlar nelerdir?

....

....

....

....

3. Ritüellere yükseltebileceğiniz herhangi bir rutin tanımlayabilir misiniz? Bunu başarmak için ne gibi değişiklikler yapmanız gerekir?

....

....

....

....

12

Haydi Savurganlık Yapalım

"Bir şeyleri sırf seni iyi hissettirdiği için yapmıyor musun?" Asistan omuz silkiyor. "Matmazel, Paris'te daha fazla zaman geçirmeniz gerekiyor."

Jojo Moyes

Beni bunalıma sokan daha zarif bir e-posta olamazdı. Mesaj, altı kişilik grup için Bogel'deki yaklaşmakta olan rezervasyonumuzu doğruluyordu, ancak rezervasyon tam olarak doğru kelime değildi. Bu restoran, koltukları, tıpkı bir tiyatronun popüler bir gösteriyi sattığı gibi satıyor – başka bir deyişle, iade edilemezler ve çok önceden tükeniyorlar. Will ve ben bizimkileri aylar önce satın almıştık; o zamanlar iyi bir fikir gibi gelmişti. Ama yazılı olarak evet, bu deneyim için gerçekten bu tutarı ödediğimizi gördüğümde, tek düşünebildiğim şuydu: *Tanrı aşkına aklımız neredeydi*? Bunun kıymetini bilemeyebilecek yaşta olan çocuklarımız için neden bir akşam yemeğine bu kadar savurganca para harcadık?

Bu Chicago restoranına Will ve ben daha önce özel bir şeyi kutlamak için sadece ikimiz gitmiştik. Ve gece özeldi, ilk ısırıktan sonuncusuna kadar unutulmazdı. Yemek şaşırtıcı, kışkırtıcı, farklıydı. Gerçekten tiyatro gibiydi ve yemek yerken *"Burası çocuklarımızın aklını başından alırdı. Onları buraya getirmek eğlenceli olmaz mıydı?"* deyip durduk. Zihinsel olarak "belki bir gün" kategorisine bir iadeiziyarette bulunduk ve yemeğimizden çok sonra, altımız birlikte bir dönüş yolculuğu olasılığını konuşmaya devam ettik.

O unutulmaz yemekten yaklaşık iki yıl sonra biletleri aldık. Will ve ben kanepede oturmuş *Parks and Recreation*'ı izliyorduk, Will telefonunu kurcalarken bir şey dikkatini çekti. "Hey!" dedi. "Gerçekten herkesi akşam yemeğine çıkarmak istiyorsak, Anma Günü hafta sonu altı kişilik bir masa ayarlayabiliriz." O hafta sonu şehirde üniversite arkadaşlarımızla buluşma planlarımız vardı; fazladan bir günü kolayca ekleyip yemeğe gidebilirdik. Bu eğlenceli olmaz mıydı?

Bu biletler dakikalar olmasa da birkaç saat içinde kapışılacaktı. Onları istiyorsak, hızlı hareket etmemiz gerekiyordu – ama bunu zaten yıllardır düşünüyorduk. Almaya karar verdik. Will banka kartını aldı ve aylar sonrası için altı kişilik bir masa ayırttı.

Sonraki aylarda gelecekteki o rezervasyonlar hakkında pek düşünmedim; aklım meşgul bugünümüze odaklanmıştı. Sonra e-posta geldi, ziyaretimizi teyit eden basit bir mesaj. Amacı harika bir deneyim için zemin hazırlamaktı, ancak gelişi, gecikmeli bir fiyat etiketi şokunu tetikledi. *Ne yapmıştık?* Ayrıca: *Geri alabilir miyiz*? Beynim, iadesi olmayanı iade etmenin ve paramızı geri almanın bir yolunu düşünmeye çalışarak olasılıkları gözden geçirdi. Kendimizi bu durumdan kurtarabilir miyiz? Bunu gerçekten istiyor muydum?

Çocuklarımızla ilgili düşünmeye devam ettim – özellikle, restoranın çocuklara izin verip vermediğini bile hiç incelemediğimizi fark ettim.

Çocuklarımızın hoş ve terbiyeli olacağını varsaymıştık ama ben kendimi mi kandırıyordum? Restoranı Google'da arattım ve geçen yıl şefin bebek bakıcısı gelmediğinde bebeklerini getirdikleri için bir çifti azarladığını gördüm. Belki arayıp durumumuzu anlatabilirdik; belki bu bizim çıkışımızdı.

Will, artan bir korkuyla heyecanlı bir şekilde yüksek perdeden konuşmamı izledi. "Sorun nedir?" diye sordu. Ancak hakkını yemeyeyim, asıl sözleri daha nazikti ve soruları iyiydi. "Bunu yapmayı kabul ettik" dedi. "Bunu dört gözle bekliyorduk. Ne değişti?"

Açıklamak için uğraştım. "Heyecanlıyım" dedim ona. "Bence harika bir gece olacak ve çocuklarımız bunu sonsuza kadar hatırlayacak. Ama harcamaya alışkın olduğumdan daha pahalıya mal oluyor ve bu beni rahatsız ediyor. Doğru şeyi yapıp yapmadığımızı bilmiyorum."

Alışılmadık Bir Şımartma

Bir savurganlık, doğası gereği, hayatımızın normal rutininin ötesinde bir deneyimdir. Bu, her zaman olmasa da çoğu zaman parayı özgürce, hatta abartılı bir şekilde, normalde yapmadığımız bir şekilde harcadığımız zamandır. Herkesin savurganlık anlayışı farklıdır; savurganlık *bize* abartılı gelen bir müsrifliktir.

Savurganlıktan bahsettiğimizde, anlık satın alımlardan veya her zaman büyük harcamalardan veya imkânlarımızın ötesinde yaşamaktan bahsetmiyoruz. Bir savurganlık, kaynakların stratejik bir şekilde dağıtılmasıdır. Savurganlıklarımızı ve onlara rehberlik eden ilkelerimizi karşılayacak kaynaklarımız olduğu sürece, savurganlık yapabilir ve mali açıdan sorumlu olabiliriz. (Ayrıca savurganlık yapabilir ve bir kuruş bile harcamayabiliriz. İlerleyen sayfalarda bundan biraz daha bahsedeceğiz.)

Savurganlık *fikrini* seviyorum ama belki de tutumlu doğam çocukluk eğitimiyle pekiştirildiği için harekete geçmekte zorlanıyorum. Bu konuda yalnız olmadığımı biliyorum. Bir savurganlığın mantıklı olup olmadığını nasıl anlayabiliriz?

Özel Deneyimlerin Pahalı Olduğunu Kabul Edin

Restorandan gelen o e-postayı açtım ve rakamları normal maliyet-fayda analizime göre değerlendirmeye başladım. Yemeğimizin saat başına maliyetini -hayır, dakika başına maliyetini- hesapladığımda, gecenin sonunda elimizde olacak tek şeyin bir fotoğraf ve bir hatıra mönüsü olacağını bilerek evet demek mantıklı değildi, en azından tipik olarak bir şeyleri anlamlandırma şeklime göre, değildi. Parayı boşa harcayacağımızdan korktum.

Will de doğası gereği sağduyulu harcama yapan biridir, ancak rezervasyonumuzu onaylayan e-posta geldiğinde çıldırmadı.

"Bu mantıklı. Eğleneceğiz ve çocuklar bunu takdir edecek kadar büyükler. Maliyetine değecek" dedi bana. Sonra bir şey hatırladı. "Bunu şöyle düşün: Hepimizin Biltmore'a gittiğimiz zamanı hatırlıyor musun?"

Hatırladım. Bir yıl önce Asheville'de bir imza günüm vardı ve hafta sonu için aileyi yanımızda getirmeye karar verdik. Malaprop's Kitabevi, zarafetle ziyaretimi yaprak mevsiminin en güzel günlerine planladı. Renkli ve ılıman, harika bir sonbahar hafta sonuydu.

Hafta sonu kaçamağımızı önceden planlamamıştık - sadece yürüyüş yapmak, yemek yemek ve kitapçıyı ziyaret etmek istediğimizi biliyorduk. O ilk gece otelimize yerleşirken, George Vanderbilt'in Blue Ridge Dağları'nın içine gizlenmiş devasa Châteauesk tarzı konutu Biltmore Malikânesi'ne sadece birkaç dakika uzaklıkta olduğumuzu fark ettik. Witold Rybczynski'nin büyüleyici kitabı *A Clearing in the Distance*'ta malikânenin inşaatı hakkında okuduğumdan beri araziyi kendi gözlerimle görmeyi çok istiyordum.

Will ve ben araştırmaya başladık. Çok yakındık ve zamanımız vardı. Kolayca bilet alıp gidebilirdik. Ancak pahalı giriş ücreti bizi duraklattı. Çocuklarımız tarihi evleri ziyaret etmeye alışık değildi ve bu deneyimi takdir edebileceklerinden emin değildim. O kadar parayı sadece boşa harcadığımızı hissedeceksem harcamaya hevesli değildim. Nasıl karar verebilirdik?

Müzakerelerimizin ortasında Will, bazı ifade edilmemiş duygularımızı yakalayan, okuduğu bir makaleyi hatırladı. Makale, seyahat ekonomisiyle ilgili şu basit gerçeği ortaya koyuyordu: Bir bölgenin büyük destinasyonları veya "oraya özgü deneyimleri" genellikle büyük bir fiyat etiketi ile gelir ve etiket şoku geldiğinde bunu akılda bulundurmak faydalıdır. Genellikle pahalı olmalarının iyi bir sebebi vardır ve çoğu zaman buna değer. (Hayvanat bahçesindeki altı dolarlık su şişeleri ya da korkunç havaalanı kahvesi gibi aptalca şeylerin aksine - kimse onlara *hoş bir şekilde* abartılı demez.) Biltmore şüphesiz özel bir deneyimdi. Fiyatı bizim için alışılmışın ötesindeydi, ancak deneyim de öyle olmayı vaat ediyordu.

Anılar yaratmaya değer veriyorum, bu yüzden reflekslerimi bastırdım ve ertesi gün için bilet aldım. Altı tane.

O gece Malaprop's Kitabevi'nde okurlar, oradayken Biltmore'u ziyaret edip edemeyeceğimizi sordular. Onları almakta tereddüt ettiğimizi ama biletlerimizin elimizde olduğunu açıkladım. Bana üstüne basa basa, buna değdiğini ve pişman olmayacağımızı tekrar tekrar söylediler.

Haklıydılar. Çocuklar, daha önce hiç deneyimlemedikleri bir ölçekteki eve hayran kaldılar ve araziyi keşfetmekten keyif aldılar. Bonus olarak, ev şimdiden Noel için dekore edilmişti.

Sesli bir tur, gördüklerimizi ve bunun sadece bir ev değil, tarihin bir parçası olduğunu daha iyi anlamamıza yardımcı oldu. Biltmore Ormanı'nın sonbahar yapraklarına bakmak en sevdiğim kısımdı. Kendimiz gördükten sonra, birçok kişinin onu neden bölgenin mutlaka görülmesi gereken cazibe merkezi olarak gördüğünü takdir edebilirdik.

Özel deneyimler genellikle pahalıdır, bazen de çok acı verici derece pahalı. Ama Will bana Biltmore'daki tek pişmanlığımın orada geçirecek daha fazla zamanımızın olmaması olduğunu hatırlattı.

Will, (akıllıca) konfor alanımızın ötesinde harcama yaptığımız ve karakter dışı gibi gelse de bunu yapmaktan mutlu olduğumuz diğer zamanları hatırlayarak kanıtları topladı: Wrigley Field'da bir gün, Empire State Binası'nın tepesine bir gezi, *Hamilton* için biletler. Bunları yapmanın ucuz bir yolu yoktu, ancak masraf her seferinde buna değdi. Bunu kanıtlayacak anılarımız vardı. "Sence bu akşam yemeği özel bir deneyim sayılmaz mı?" diye sordu.

Onun ne demek istediğini anladım. Bu deneyimin sunduğu iyi şeyleri kucaklamak yerine, bir çıkış yolu bulmaya çalışıyordum. Ama eğer hesabı değiştirmeyi öğrenebilseydim ve savurganlığımın bana gerçekten ne kazandırdığına odaklanmayı öğrenebilseydim, kendimi bol miktarda endişeden kurtarabilirdim.

Bir Savurganlığın Buna Değer Olup Olmadığına Karar Vermek İçin Hesabı Değiştirin

Pek çok insan, parayla ilgili fazla düşünme kararlarıyla mücadele eder. Alışılmadık harcamalar hakkında net bir şekilde düşünmek için çabaladığımızdan dolayı olabilir mi?

Bir savurganlığı düşündüğümde, genellikle pişman olacağım bir şey yapmaktan korkarım. Ödeyemeyeceğimden ya da para harcamak istemediğimden değil, karakterime aykırı olduğu için. Ancak Will'in de belirttiği gibi, ödemeye alıştığımdan daha pahalı olduğu için bana keyif veren bir şey yapmadığım için de pişman olacağım. Belki her zamanki hesaplamalarımıza göre, kısacık bir deneyim için özgürce harcamak mantıklı değildir, ancak savurganlıklar olağandışı durumlardır. Onlarla ilgili, benzersizliklerini kabul edecek şekilde nasıl düşünebiliriz?

Geçmişteki savurganlıkları düşündüğümde, onları dakika başına maliyet açısından değil, anılar açısından hatırlıyorum – ve o silinmez anlar zihnimde geniş yer kaplıyor. Çocuklarım hâlâ Biltmore ve Cubs[1] hakkında konuşuyor. Tiyatroya gittiğimizde program kitapçığı almayız ama anılar kalıcıdır. Elbette bu deneyimleri pas geçip daha ucuzlarını tercih edebilirdik ama bu açıdan baktığımda iyi ki yapmamışız.

Bu olağandışı deneyimlerden ne kazanmayı umduğumu düşündüğümde, bir zamanlar bana en sevdiği çocukluk anılarının hepsinin aynı kelimelerle başladığını anlatan bir arkadaşımı düşünüyorum: *Haydi savurganlık yapalım*. Annesi savurganlığa bayılırdı ve o bu sözleri ne zaman söylese, bütün aile unutulmaz bir deneyimin ufukta olduğunu biliyordu.

Thomas Gilovich ve Amit Kumar, insanların maddi mallara para harcamaktan mı yoksa deneyimlere para harcamaktan mı daha fazla mutlu olduklarını araştırdıklarında, deneyimler açık arayla kazanan oldu. Bu büyük ölçüde, deneyimlerimizin bizi başkalarına maddi mallardan daha fazla bağlaması ve benlik algımızda daha büyük bir rol oynaması sayesindedir. Gilovich ve Kumar, "Gerçek anlamda, deneyimlerimizin toplamıyız" diye yazıyorlar.

1. Chicago Cubs, ABD'nin Chicago/Illinois şehrinde bulunan ve Major League Baseball Ligi'nin National League Merkez Grubu'nda mücadele eden beyzbol takımıdır. (ç.n.)

Deneyimler, yaşandıktan çok sonra bile, değer verdiğimiz ve başkalarıyla paylaşmaya devam ettiğimiz anılar haline gelir. Gilovich, "Deneyimleri doğrudan diğer insanlarla tüketiyoruz" diyor. "Ve bu deneyimler yaşandıktan sonra, birbirimize anlattığımız hikâyelerin bir parçası oluyorlar."

Bir dahaki sefere bir savurganlık yapmayı düşündüğünüzde kendinize sorun: *Bu para bana gerçekten neyi satın alıyor? Bu deneyimden ne elde etmeyi umuyorum? Yatırımımın getirisini nasıl ölçerim?* Hayat bir dizi deneyimdir. Savurganlıklarımız ucuza gelmeyebilir ama hatıralar paha biçilemezdir.

Paranın Tek Para Birimi Olmadığını Unutmayın

Neyse ki tüm savurganlıklar büyük paralar gerektirmez. Bazen küçük bir harcama hoş bir şekilde –inanılmaz şekilde– savurganca gelir. Çocuklarımın en sevdiği anılarından biri, New York'a ilk seyahatlerinden, Will'le birlikte şehirdeki son gecemiz için akşam yemeği için ne isterlerse seçmelerine izin verdiğimiz zamandı.

Kafeterya tarzı bir yer seçtiler, tezgâha kadar yürüdüğünüz, istediğinizi gösterip hemen bir tabağa aldığınız türden. Kesinlikle hiçbir "New York'un En İyisi" listesinde olmayan pizza dilimlerini seçtiler. Ve sonra, savurganlık: Soğutmalı kasadan istedikleri içeceği seçmelerine izin verdik. Evimizde her zaman su içeriz. Asitli içecek bizim karakterimize çok aykırı ama tabii ki çocuklarım buna bayılıyor. İçecekler bize toplam 8 dolara mal oldu, ancak para tek para birimi değil. Çocuklarım, bu nadir şımartmayı takdir ettiler ve çok uzun süre "muhteşem" akşam yemeklerinden bahsettiler.

Bazen "harcanan" dolar değil, başka bir şeydir.

Kuzinimin ailesi Batı Kıyısı'nda küçük bir kasabada yaşıyor. Kuzinim ve ben büyürken yakındık ve bugünlerde onu ve ailesini yeterince göremiyorum - özellikle de bizim şehrimizden onlarınkine üç uçakla gitmek gerektiğinden. Bir haftalık bir ziyaret için bizimle kalmayı planladıklarını açıkladıklarında çok mutlu olduk.

Kasabadaki son gecelerinde evde kalmayı planladık. Cuma gecesi bizim normal pizza gecemizdi, bu yüzden misafir bir çocuğun programına uyum sağlamak için erkenden sipariş verdik. Akşam yemeğinden sonra etrafı toparlarken hızlı bir e-posta kontrolü için telefonumu aldım; bütün gün dışarıdaydık ve hafta sonundan önce çözülmesi gereken bir kriz olmadığından emin olmak istedim. İşler iyi durumda görünüyordu ama gözüme başka bir mesaj çarptı.

Bir yıldan fazla bir süredir Will ve ben eski mahallemizde yeni bir işletmenin açılmasını bekliyorduk: Farklı nedenlerle de olsa tüm ailenin müdavimi olmak için sabırsızlandığı karma bir kahve dükkânı ve lolipop standı. İnşaat izinleri planlandığı gibi çıkmadı ve gecikme üstüne gecikmeye neden oldu. Ama şimdi, haber e-postamdaydı: O gece açılışları vardı. Sadece birkaç saatliğine, sadece arkadaşlara ve aileye. Ve lolipoplar herkese ücretsizdi.

Mutfak saati 20.15'i gösteriyordu. Bedava lolipopu karşılayabilirdik ama herkesi bu kadar geç saatlere kadar ayakta tutabilir miydik? En küçük çocuğumun yatma saati biraz geçmişti ve kuzinimin üç yaşındaki çocuğunun uyumuş olması gerektiği zaman da çoktan geçmişti. O zaman evden çıkarsak, herkes çok geç saate kadar uyanık kalırdı. Ama ertesi gün kuzinim ve ailesi Kaliforniya'ya uçacaklardı. Daha onlar gitmeden onları özlüyordum ve ayrıca saat değişikliği zaten vücut saatlerini bozmayacak mıydı? Geç saatlere kadar uyanık kalınan son bir gece dünyanın sonu olmazdı.

Kuzinime sessizce "Tatlı yemeye var mısın?" diye sordum. Bu soruya şaşırarak önce saate sonra kızına baktı ve "Neden olmasın?" dedi. Kocasına fısıldadı, o da omuzlarını silkip, şöyle dedi: "Bu son gece. Hadi gidelim." Herkesi minibüse doldurduk ve yeni lolipop dükkânına gittik.

Mekân mutlu müşterilerle doluydu ama kimse ödemediği için sıra hızlı gidiyordu. Asıl sorun hangi aromanın deneneceğine karar vermekti: Çarkıfelek meyvesi mi, çilekli limonata mı yoksa kurabiye ve krema mı? Şans eseri çok küçük bir kabine girdik ve ücretsiz lolipoplarımızın tadını çıkararak yığın halinde içeri doluştuk. Dükkânın sahibi kabinleri ziyaret etti, ikramlarımızı sevip sevmediğimizi sordu ve bizi başka bir aromayı -hatta iki aromayı- denememiz için ısrar etti. "İstediğiniz kadar geri gidin" dedi, biz de tezgâha geri döndük. Genç oğlum ölüp cennete gittiğini düşündü. Güldük, masanın bir yanından öbür yanına ısırıkları paylaşarak tüm lezzetleri denemeye çalıştık. Her zamanki rutinimizin çok dışında olacak şekilde çok geç yattık.

Bu, benim o haftadan en sevdiğim anımdı.

Yeni Deneyimlere

Şimdi savurganlık yapıp yapmamaya karar verirken, her şey deneyimle ilgili. Çocuklar ve dışarıdaki şık akşam yemeğimiz söz konusu olduğunda, unutulmaz olmasını umuyordum.

Will, "Yedikleri en iyi akşam yemeği olmasa bile, sence bunu *hatırlamayacaklar* mı?" dedi.

Elbette hatırlarlardı. Bundan emindim. Bu da bitkin düşmüş beynimin rahatlamasını sağladı.

Onay e-postasıyla panikledikten birkaç hafta sonra çantalarımızı topladık ve Chicago'ya yolculuk yaptık. Şehirdeki son gecemizde şık giyinip bir restorana gittik. Çocukları önceden hazırladık. "Amaç mutlaka her şeyden zevk almak değil" dedik. "İlginç olanı fark etmek. Şimdiye kadar yediğiniz en iyi yemek olmasını beklemeyin, ancak neyin unutulmaz olduğuna dikkat edin. Sadece tadına değil, görünüşüne, kokusuna ve sesine de dikkat edin."

Ve çocuklar illa ki çocukluklarını yapacakları için, "Ve lazımlık şakası yok" diye ekledik.

Onları götürmekten çekiniyordum, ama kapıdan içeri girdiğimizde, otuz yaşından küçük herhangi birini görünce mihmandarın gözleri anında parladı. Ortasında -büyükannemin eskiden sahip olduğu türden- portakal, biberiye ve tanımlayamadığım diğer bitkilerle dolu dondurulmuş gümüş bir kâse olan bir masaya oturduk. (Bir saat sonra, bir garson dikkatli bir şekilde sıcak suyu doğrudan orta süsünün içine dökecek ve etrafımızdaki havaya aromatik buharlar gönderecekti.)

Yetişkinlere şampanya ve çocuklara da köpüklü elma şarabı servis ettiler - tabii ki flüt kadehlerde. Will kadeh kaldırdı: "Yeni deneyimlere" dedi ve hepimiz kadehlerimizi tokuşturduk.

Sonraki üç saat boyunca, daha önce yediğimiz hiçbir şeye benzemeyen -ve abartmıyorum- inanılmaz yiyecekler yedik. Çocuklarımızı görmekten mihmandar kadar heyecanlı olan garsonlarımız, genellikle nasıl yenileceğine dair talimatlar gerektiren yemeklerin her birini dikkatlice açıkladılar.

Yemeğimize başlayalı iki saat olmuştu ki garsonlarımız masamıza geldi ve şöyle dediler: "Çatallarınızı bırakın; bir saha gezisine çıkmanın zamanı geldi."

Çocuklarımız, "Sen ve babam bunu geçen sefer yaptınız mı?" sordular.

Yapmamıştık. Will ve ben aptallar gibi sırıtıyorduk çünkü bu bizim için de yeniydi. Peçetelerimizi katladık ve restoranı yarıp geçerken garsonlarımızı takip ederek sonunda mutfağa ulaştık. *Mutfak!* Her şeyi gördük, etrafımızdaki şeflere aval aval bakmamaya çalıştık ve sonra barmen bize meşhur mutfakta güzel, eski moda çalkalayıcılarda kendi kokteyllerimizi nasıl yapacağımızı gösterdi. Büyükler için cin, çocuklar için kök birası, her yerde mutluluk.

Yorgun, tok ve mutlu ayrıldık. Yola çıkmadan önce, bir yan sokakta kötü aydınlatılmış bir fotoğraf çektik. O akşamdan elimizde kalan tek şey bu – bu ve şimdi baktığımda çok az anlam ifade eden lezzet profilleriyle kavramsallaştırılan bir hatıra mönüsü.

O akşam yemeği verdiğimiz her kuruşa değdi.

Sonraki Adımlar

1. Genellikle savurganlığı kucaklar mısınız yoksa siz de alışılmadık harcamaların düşüncesinden bile çekiniyor musunuz?

....

....

....

....

2. Unutulmaz bir savurganlığı hatırlıyor musunuz? Bu neydi?

....

....

....

....

3. Zaman, enerji veya rutin gibi para dışındaki kaynaklardan ayrılma konusunda isteksiz misiniz? Hangi unutulmaz savurganlık için bunlardan birini dahil etmeyi deneyebilirsiniz?

....

....

....

....

4. Özel bir deneyim yaşamanın hayalini mi kuruyorsunuz? Bunu nasıl gerçekleştirebilirsiniz?

....

....

....

....

13

Basit Bolluğa Doğru Küçük Kaymalar

Pooh, "Bugün kendimi pek Pooh gibi hissetmiyorum" dedi. "Sıkma canını" dedi Piglet. "Sen öyle hissedene kadar sana çay ve bal getireceğim."

A. A. Milne

Elimdeki listeyle Trader Joe's'a[2] giriyorum ve hemen taze çiçek teşhiriyle karşılaşıyorum. Bu, mağazanın en sevdiğim kısmı burası -yani, bu ve peynir bölümü- ve her zaman olduğu gibi neyin mevcut olduğunu görmek için sabırsızlanıyorum. Bugünün seçeneklerini inceliyorum: pastel tonlarda laleler, spreyli güller ve uzun saplı zambaklar, üç farklı ortanca türü. *Almalı mıyım, almamalı mıyım?* Tabii ki istiyorum, ama bugün gerçekten taze çiçeklere *ihtiyacım* var mı?

---

2. Trader Joe's, merkezi Monrovia/Kaliforniya'da bulunan bir Amerikan marketler zinciridir. (ç.n.)

Seçeneklerimi değerlendiriyorum ve sonunda sepetime ortancaları ekliyorum. Ama belki de lale almalıydım? Ortancaları mor lalelerle değiştiriyorum ve aranjmanı tamamlamak için biraz yeşillik seçiyorum. Ama gerçekten bunlara ihtiyacım var mı? Şüphesiz bunu çok fazla düşünüyorum. Yeşilliğe gerek yok; onları kendi arka bahçemden kesebilirim. Yeşillikleri geri koyuyorum. Laleleri ezmemeye dikkat ederek, listemdekileri işaretleyerek dükkânın çevresinde tur atıyorum. Lalelere gerçekten ihtiyacım var mı? Aldıklarımı ödemek için sıraya giriyorum, hâlâ lalelere bakıyorum. Belki de çiçeklere gerçekten ihtiyacım yok. Emin değilsem, onları geri koymalıyım. Onları kovalarına geri götürüyorum, sonra ödeme sırasına geri dönüyorum.

Ödemeyi yapıyorum, aldıklarımı arabama yüklüyorum, sonra eve gidiyorum. Alışveriş poşetlerini yerleştirirken iki şeyin farkına varıyorum.

Listemde olmasına rağmen gerçekten ihtiyacım olan salata karışımını unuttum.

Madem evdeyim, temiz ama hafif çıplak tezgâhımı inceliyorum, kötü bir seçim yaptığımı görebiliyorum – *çiçekleri almalıydım*. Market alışverişim satın alınıp rafa kaldırılsa da, hâlâ o çiçeklerle ilgili düşünüp duruyorum.

Bu karar –ve bunun gibi pek çoğu– çok az önem taşıyor. Markete bir ziyaret, beş dolarlık bir alışveriş, mutfak tezgâhı için bir süsleme hakkında. Bu tek bir karar pek de hayat değiştirici sayılmaz.

Ama aslında, hayat böyle anlardan oluşur. Önemsiz şeyleri düşünüp taşınarak, evet demekten zarar gelmeyecek şeylerden kendimi vazgeçirerek değerli dakikaları harcıyorum, bana neşe getireceğini bildiğim şeylerden, çünkü maliyeti düşük olsa da, getirdiği keyif harika.

Ve hepsi bu da değil. Elimdeki işi düşünmek yerine, dikkatim başka yerde olmalıyken, mesela salata karışımında, ben yararsız düşünce döngümde sıkışıp kaldım.

Bu tür bir fazla düşünme, bir kaybet-kaybet önermesidir.

Kaybet-Kaybet Önermesi

Keşke size Trader Joe's'da yaşadığım çiçek deneyiminin tek seferlik bir şey olduğunu söyleyebilseydim, ama bu bir yalan olurdu. Bu alışkanlıkla yaptığım ve zaman zaman kendimi hâlâ yaparken yakaladığım türden bir şey. Tanrı'ya şükür, eskiden olduğu kadar sesli olmayan iç eleştirmenim hâlâ sesini yükseltmeye çalışıyor ve şöyle diyor: *Bu en iyisi mi? Bu akıllıca mı? Bunu yapmak istediğinden emin misin?* Bu katı iç polislik, birçok insanın, özellikle de kadınların mücadele etmeye devam ettiği bir şeydir. Bu tür düşüncelerin üstesinden gelmek için, buna neden bu kadar kolay kurban gittiklerini değerlendirmemiz gerekiyor.

Endişe, vicdan azabı veya pişmanlık zincirinin peşinden giderken, fazla düşünmenin düşüncelerimizi yararsız yönlere çektiğini biliyoruz. Ancak, fazla düşünmenin aynı zamanda iyi şeyleri hayatımıza kabul etmemizi engellediğini fark etmeyebiliriz. Kendimizi hayatın küçük zevklerinden mahrum bırakır, olası iyi şeylerden vazgeçiririz ve bu süreçte çok fazla zihinsel enerji harcarız.

Kendimizi mahrum ettiğimize pişman olacağımızdan kuşkulanıyoruz, ama yine de bunu yapıyoruz. Erma Bombeck, gazetesinde en popüler köşe yazılarından birinde, eğer yaşayacak bir ömrü olsaydı, "'İyi' (misafire ayırdığı) salonda patlamış mısır yerdim" ve "Bir gül gibi yontulmuş pembe mumu depoda erimeden önce yakmış olurdum" diye yazdı. Bu cümleleri 1979'da yazdı, ancak bu yazı yayılmaya devam ediyor ve kadınlar arasında hâlâ yankı uyandırıyor. Bu kelimelerde kendimizi görüyoruz çünkü biz de şansımız varken hayattaki güzel şeylerin tadını çıkarmak istiyoruz. Ve yine de çoğumuz bunu yapmıyoruz.

Fazla düşünmeyi bıraktığımızda, kendi yolumuzdan çekilip hayatımıza daha fazla neşe, huzur ve sevgi getirebiliriz. İyi şeyleri hayatınızdan çıkarmak için fazla düşünmek yerine onları hayatınıza davet etmek için yapabileceğiniz bazı şeylere bir göz atalım.

Kendinize Merhametli Olma Kararını Verin

O çiçeklerden ne elde etmeye çalışıyordum ki? Onlara ihtiyacım yoktu; onlar bir süstü, ihtiyaç değil. Onlarsız idare edebilecek durumdaydım. Bu çiçekler güzeldi çünkü "ekstra"ydılar, ancak ekstra, çoğu zaman kendimi vazgeçirdiğim bir şeydi.

Görmezlikten gelme eğiliminde olduğum şey, çiçek satın almanın uçarı, müsrifçe bir harcama olmadığıdır. Kendi başlarına kesinlikle gerekli olmayabilirler, ancak nasıl düşündüğüm ve hissettiğim konusunda büyük bir fark yaratıyorlar. Onları eve götürdüğümde, tüm hafta boyunca mutfak tezgâhındaki görüntüleri beni mutlu ediyor; bu, günlerim üzerinde büyük etkisi olan küçük bir şey. Ve bunu yapmak çok kolay.

Yine de, bu küçük zevklerden kendimi –ekstra oldukları için sorgulayan içimdeki eleştirmene teslim olup– sık sık mahrum ediyorum. Ya da kendime karşı daha merhametli olmayı öğrenip bolluk duruşuyla ilgili biraz daha rahat oluncaya kadar öyleydim. Bolluk derken, lüks şeylerle savurganlık yapmaktan veya düzenli olarak abartılı harcamalardan bahsetmiyorum. *Keyif aldığımız* ama ihtiyacımız olmayan küçük şeylerden bahsediyorum.

Çok fazla kadın, kendi küçük zevklerini denetlemede uzman olduklarını, kendi kendileriyle sürekli konuşmalar yaptıklarını itiraf ediyor. *Bunu yapmalı mıyım? Gerçekten buna değer mi?* Kendimizi iç eleştirmenimize evet demeye (ve ayrıca lütfen bizi rahat bırakmaya) ikna edemezsek, statükoya geri döneriz, bu da küçük mutluluk patlamalarını kaçırdığımız anlamına gelir. Bunu neden kendimize yapıyoruz? Bunu *Modern Mrs Darcy*'de (Modern Bayan Darcy) yazdığımda, okurlar bana onların da küçük zevklerle kendilerini şımartmakta zorlandıklarını söylediler. Bazıları, çekmecelerinin kaliteli çikolata, Fransız losyonu, kokulu mumlar gibi kendilerine verilen ancak "özel" bir güne kadar kullanmamaları gerektiğini düşündükleri güzel şeylerle dolu olduğunu itiraf ettiler. Sebep ne olursa olsun, bize neşe veren küçük zevkleri erteliyoruz veya tamamen atlıyoruz.

Bazen yapmamız gereken şeylerden zevk alırken bile suçluluk duyarız. İşi gereği okumak ve araştırmak için zaman harcayan ve bu ikisinden de çok keyif alan bir arkadaşım var. Ama bir keresinde bana bunun kendisini suçlu hissettirdiğini söylemişti. İçindeki eleştirmen ona, *"Senin çalışman gerekmiyor mu?"* diye soruyor. *"Bundan gerçekten zevk almalı mısın?"*

Tanrı aşkına, esas işini yapıyordu ve onu gayet iyi yapıyordu – ve yine de onun hakkında fazla düşünüyordu!

Böyle olmak zorunda değil. Kendimize nazikçe ve merhametle davranmayı öğrenebiliriz. Her hareketimizin verimliliğini yakından izlemekten, kendimize her zaman o kadar da verimli olmama iznini vermeye, kararlarımızı sürekli olarak haklı çıkarmak zorunda olmaktan, her şeyi mükemmel hale getirme ihtiyacından kurtulmuş hissetmeye kadar gidebiliriz. İdare edebilmemiz için gereken minimum miktarı aşan bir şeyden zevk almak için kendimize izin verebiliriz. Önümüzde duran güzel şeylerin kıymetini, onlarla ilgili suçluluk duymadan anlayabiliriz. Kıtlık zihniyetini bolluk tavrıyla takas edebiliriz.

Trader Joe's buketinde büyülü bir şey yoktu; mesele çiçekler değil, temsil ettikleri şeydir. Elbette, hayatın küçük zevkleri olmadan da idare edebilirdik ve eğer bir kıtlık zihniyeti altında çalışıyorsak, yaptığımız tam olarak budur. Ancak bolluk duruşuyla, bu küçük nezakete evet deme yetkisine sahip olduğumuzu hissederiz.

Bu küçük kararlar küçük görünürler ve bir bakıma öyleler. Ancak sonuçları büyüktür: Birincisi, hayatımıza biraz daha basit neşe getirmekten çekinmeyiz; ve iki, eğer dört dolarlık bir buket hakkında doğru kararı vermek için kendimize güvenemezsek, büyük şeyler konusunda kendimize güvenmek konusunda isteksiz olmamıza şaşmamalı.

Bunu akılda tutarak söyleyin, hangi küçük şeyler size neşe verir? Onlardan nasıl daha düzenli bir şekilde zevk alabilirsiniz?

Küçük Zevklerinizi Belirleyin

Iris Murdoch şöyle yazıyor: "Mutlu bir yaşamın sırlarından biri süregelen küçük zevklerdir ve bunlardan bazıları ucuz ve hızlı temin edilebilirse çok daha iyi olur." Murdoch bunu biraz şaka yollu, karakterlerinden biri için bir replik olarak yazdı, ama hepimiz küçük zevkleri sevmiyor muyuz?

Bir "zevk veren şey"i fazladan bir şey, gerekli olmayan bir şey, ihtiyacımız olan mutlak minimumun ötesine geçen bir şey olarak tanımlayabiliriz. Zevk alınan şey pahalı olmak zorunda değildir, ancak son derece bireysel olmalı ve başkalarının zevkleri ve tercihlerinden bağımsız olarak bize neşe getirmelidir.

Arkadaşlara hangi küçük zevklerden hoşlandıklarını sorduğumda yanıtlar farklıydı: Salı gecesi bir başkası çocukları yatırırken lavanta banyosu, akşam yemeğinden sonra bir kare bitter çikolata, ev işlerine ayırdıkları zaman olan sıradan bir cumartesi sabahı yürüyüşü, çıktıkları gün postayla gelen ilgi çekici yeni kitapların beklentisi.

Ben ise, yıllarca ucuz kalemleri kullandıktan sonra, şimdi iyi kalemlere düşkünüm – idare edecek kadar iyi olan modellerden bir dolara daha pahalı olanlar. Uzun bir süre, fazladan bir dolar harcamanın "buna değer" olup olmadığını düşünüp taşındım. Bunu artık yapmıyorum, çünkü artık asgari düzeyde olanlarla ilgilenmiyorum – en azından benim için önemli olan kalemler söz konusu olduğunda. Elbette, yazacağım şeyi yirmi sentlik bir kalemle -ya da daha kötüsü, bankadan ücretsiz bir kalemle- yazabilirdim, ancak iyi bir kalem için fazladan ödeme yaparak deneyimden daha fazla zevk alacaksam, her seferinde iyi olanı seçerim. Kaliteli bir kalemle yazmak bir zevktir ve saatlerce yazacak bir araç için biraz daha fazla ödemek bildiğim en ucuz zevklerden biridir.

Guacamole'yi[3] seven bir arkadaşım var ve bana eskiden en sevdiği taco mekânında guacamole'yi, buna ihtiyacı olmadığı için alışkanlıkla geri çevirdiğini söyledi. Ama son ziyaretinde, bolluk ruh halindeydi ve guacamole için fazladan bir dolar ödedi. O kadar iyiydi ki neden daha önce sipariş etmediğini merak ettiğini söyledi. Cevabı ikimiz de biliyorduk: Gerekli değildi, bu yüzden varsayılan olarak hayıra karar vermişti. Ama artık bunu yapmayacak çünkü iyi şeyleri alışkanlık haline getirmeyi öğreniyor.

---

3. Meksika mutfağından soğanlı baharatlı avokado. (ç.n.)

İyi Şeyleri Alışkanlık Haline Getirin

Hayatımıza güzel şeyler getirmenin en etkili yollarından biri bunu alışkanlık haline getirmektir.

Bu kitabın başlarında, tekrarlayan kararları nasıl otomatik pilota koyabileceğimizi, bir kez karar vermeyi ve faydalarından süresiz olarak yararlanmayı konuştuk. Yaptığımız şeyin "doğru" olup olmadığı konusunda durmadan düşünüp taşınmak zorunda kalmadan bize faydası olacak şekilde tıkır tıkır işleyen bir saat gibi hareket edebiliriz. Bu bizi, o şeyi yapıp yapmamamız gerektiği konusunda kendimize eziyet etmek veya hiç gelmeyebilecek özel bir günü beklemek yerine, her ne olursa olsun ondan zevk alma konusunda özgürleştirir.

Bu kararları zihnimize önceden yerleştirmediğimizde, o anda nasıl hissettiğimize göre kararlar vererek, doğaçlamaya güveniriz. Kendimize şu soruyu sorabiliriz: Dükkâna gittiğimde çiçeklerle ilgili karar vermek ne kadar zor olabilir? Kulağa zor gelmeyebilir, ama o anda orada, dükkânda donup kalıyoruz. Bize rehberlik edecek net bir felsefe veya sistem olmadan, sürekli olarak kararlar vermek ve onları kendimize haklı göstermek zorundayız.

Bu stratejiyi uygulamaya koydum ve kendim için, özellikle çiçeklerle ilgili kişisel bir kural belirledim: O günün çiçekleri gerçekten acıklı değilse veya kendi şakayıklarım açmadığı sürece, Trader Joe's'a her gittiğimde çiçek alacağım. Size bahsettiğim o içsel maksimize edici artı benim doğuştan gelen tutumlu doğam nedeniyle, bu vereceğim en doğal karar değildi. Bu yüzden kararı otomatiğe bağlamayı seçtim; aksi takdirde, dükkâna her gittiğimde düşünüp durmaktan yorulurdum. Şimdi onları sepetime atıyorum, karar vermem gerekmiyor. Maliyeti beş dolardan az (gerçi bu sabah aldığım nergisler sadece bir buçuk dolardı) ve bu beni gerçekten çok mutlu ediyor.

Başka insanlar bu stratejiyi kendi tercihlerine uygun şekilde yaşarlar. Üniversitedeyken, yakındaki bir aile için düzenli olarak bebek bakıcılığı yapıyordum ve annenin mutfağı derli toplu tutması beni büyülüyordu. Tracy, kendi deyimiyle, pek evcimen değildi, ama yemek yapmayı çok severdi ve mutfağını "mutlu yer" olarak adlandırırdı. Sabah derslerinden sonra evine geldiğimde, çocuklar genellikle şekerleme yapmak için aşağı inerlerdi ve o mutfağını toplarken ben içeri girerdim. İşini her zaman mutfak masasını silip, ardından lavabonun altındaki zulasından dev bir kavanoz mum seçip onu yakarak bitirirdi. Titreyen mum, mutfağı rahat ve sıcak hissettiriyordu, kasvetli Chicago kışlarında takdir ettiğim bir şeydi bu.

Bir keresinde o rutinini tamamlarken onunla sohbet ederek mutfak masasında bir tabureye oturdum. "Bu mumları seviyorum" dedim kibriti çakarken. "Bundan memnun oldum" dedi ve sonra bana onları yakma konusunda kendini kötü hissettiğini söyledi. Güzel mumlardı ve eskiden onları yakmak için özel bir zamanı beklemesi gerektiğini düşünürdü. Ona neyin değiştiğini sordum.

"Bunu aştım" dedi. "Ne olursa olsun onları yakmaya karar verdim. Onları gerçekten seviyorum, anlatabiliyor muyum? Bir mumun ne kadar küçük bir şey olduğunu düşününce, bu mumlar beni garip bir şekilde mutlu ediyorlar. Bu yüzden onları yakmaya karar verdim, hem de her zaman."

Tracy'nin bolluk zihniyetini benimsemesine ve mumları "özel" durumlar için saklama dürtüsünün üstesinden gelmiş olmasına seviniyorum.

Günlerinize Neşe Katmanın Yollarını Arayın

Basit bolluk, satın alabileceğiniz bir şey değil, bir düşünce yapısıdır; bu bolluk hissinin bir fiyat etiketi taşımasına bile gerek yoktur. Bu, gün içinde bir roman okumak için mola vermek, verandada oturup bir fincan çay içerek dinlenmek ya da komşunuzun çiçeklerini fark etmek için durmak olabilir. Bu küçük anların tadını çıkarmak için kendimize izin vermek ne büyük bir hediyedir.

Bolluk zihniyetini uygulamayı öğrendiğim yerlerden biri, yolda direksiyon başında olduğumdadır.

İşte bunu örnekleyecek bir hikâye. Bir zamanlar Chicago banliyölerinde yaşıyordum. Will ve ben evlendikten sonra Rüzgârlı Şehir'e yerleşme konusunda uzun uzun düşündük.

Yapmadık. Hayat pahalılığı ve acımasız Chicago kışları bizi güneye sürükledi, ancak artı/eksi listemdeki çok önemli üçüncü bir faktör, düzenli olarak gidip geldiğim ve tüm benliğimle nefret ettiğim, Chicago'nun batı banliyölerinden geçen geniş, alışveriş merkezlerinin sıralandığı bir anayol olan Roosevelt Road'du. Ya da belki de, egzoz püskürten binlerce motorun ateşi sıcaklığında. Hedefime ulaşmanın en hızlı yolu olsa bile, o yolda geçirdiğim her dakikaya sinir oluyordum.

Sonunda belirli bir caddesi bana her geçen yıl o korkunç Chicago caddesini daha çok hatırlatan Louisville'e geri döndük. (Orada yaşayanlar için: Shelbyville Road. *Tükürdüğünü yalamak buna denir.*)

O yolda yıllarca neredeyse her gün araba kullandım, ta ki gelişmeye başlayan cep telefonu mağazalarının, araba galerilerinin, geniş beton otoparkların, trafik ışıklarının ve yine başka bir Walgreens'in ağırlığından perişan halde bir gün, bir aydınlanma yaşayana dek: Eve uzun yoldan gidebilirdim. O gün ruh emici yolu kullanmayı bıraktım. Beş yıl oldu ve ben bu karardan hiç pişman olmadım.

Eskiden duygusal olarak daha keyifli bir rota bulmak için yolu biraz uzatmanın "buna değip değmeyeceğini" düşünürdüm.

Artık bunu yapmıyorum. Bir kere karar verdim ve arabaya her bindiğimde bu kararı uyguluyorum. Gideceğim yer, oraya yolculuk etmeyi zorunlu kılan o korkunç yolda değilse, o yolda araba kullanmıyorum. Zaman ve benzin değerli kaynaklardır, ancak zihinsel enerjim, (genellikle) neşeli tavrım ve sonsuz beton manzaralara karşı sabrım da öyle. Vakit dar olduğunda, çirkin de olsa hızlı yoldan giderim. Ancak, fazladan üç dakikam varsa, uzun yolu seçmek konusunda artık kendimi kötü hissetmiyorum, çünkü fazladan kısa bir mesafe -bazen sadece üç blok!- giderek hızdansa güzelliğe öncelik vermek beni çok daha fazla mutlu eden küçük bir değişiklik.

Kaybet-Kaybet'ten Kazan-Kazan'a

Bu küçük değişimlerin amacı huzur ve neşedir. Burada fazla düşünmek kaybet-kaybettir, ancak pratiği bir kenara bırakıp kendimizi mutluluktan mahrum etmeyi bırakabilirsek iki kat zenginleşiriz.

.... Sonraki Adımlar ....

1. Hayatınızdaki bazı basit bolluk örnekleri nelerdir?

....

....

....

....

2. Basit zevkler söz konusu olduğunda, "Ben bunu hak etmiyorum" diye düşündüğünüz oluyor mu? Bu iç diyaloğu nasıl değiştirebilirsiniz?

....

....

....

....

14

Dalgalanma Etkisi

Kendimi değiştiriyorum, dünyayı değiştiriyorum.

Gloria Anzaldúa

Bu kitapta, hakkında ne düşündüğünüzün önemli olduğuna sizi ikna etmeye çalıştım. Düşünce hayatınızı değiştirerek, dünyayı deneyimleme şeklinizi kökten değiştirebilirsiniz. Dakikalarınız ve saatlerinizle yaptıklarınız bir hayatı meydana getirir. Umuyorum ki bu kitap, o dakikaların daha fazlasını, sağlıklı, yardımcı ve hayat verici ve bunları hayata geçirmek için sizi teşvik eden düşüncelerin peşinden koşarak harcamanız için sizi hazırlar.

Nasıl düşündüğümüz –yani, ne hakkında düşündüğümüz, bu düşüncelerin bizim için ne anlama geldiği ve onlar hakkında ne yapmayı seçtiğimiz– önemli ölçüde hayatımızın nasıl olduğunu belirler. Ralph Waldo Emerson'ın yazdığı gibi: "Hayat bütün gün düşündüklerimizden ibarettir." Olduğumuz ve olacağımız kişiyi her seferinde bir düşünceyle biz yaratıyoruz.

Hepimiz iyi yaşanmış olarak tanımlanabilecek hayatlar istiyoruz. Ama zamanımızı fazla düşünerek harcadığımızda, hayatımızla yaptığımız şey tam da budur. Fazla düşünmek sadece sıkıntı veren bir şey değildir; fazla düşünerek geçirdiğimiz her dakika, asıl önemli olan şeylere harcanmayan bir dakikadır.

Diğer kadınlarla fazla düşünme hakkında konuştuğumda, pek çoğu bunu yapmaktan nefret ediyor ve bunu yapmayı bırakmak istediklerini söylüyorlar. Aynı zamanda, bunu acil bir konu olarak görmeyebiliyorlar. Ama korkarım gereğinden fazla düşünmenin hayatları üzerindeki –hepimizin hayatları üzerindeki– etkisini hafife alıyorlar. Fazla düşünmeyi kişisel bir sorun olarak düşünme eğiliminde olsak da, gerçek şu ki bireysel düşüncelerimiz, kararlarımız ve eylemlerimiz sadece bizi etkilemez; çevremizdeki insanları etkileyen ve her yere yayılan bir dalga etkisi yaratırlar.

En sevdiğim yazarlardan biri, dünyamızın ekolojik sağlığı ve ona özenle bakma görevimiz hakkında kapsamlı yazılar yazan Kentucky'li arkadaşım Wendell Berry'dir. "Küçük yıkımlar üst üste eklenirler" diye yazar. "Ve sonunda toplu olarak büyük yıkımlar oldukları anlaşılır." Berry, dağlarımızın ve okyanuslarımızın sağlığından bahsediyor, ama ben fazla düşünmenin yaşamlarımız üzerinde benzer bir etkisi olduğunu anladım. En iyi ihtimalle, fazla düşünmek çaba ve enerji kaybıdır. En kötüsü, düşünce yaşamlarımıza zarar verir. Fazla düşünmek kimseye fayda sağlamaz ve çoğumuza aktif olarak zarar verir. Bu küçük yıkımlar birikir, üstelik sadece kendi bireysel yaşamlarımızda değil. Tüm bu fazla düşünmenin toplam bedeli çok büyüktür.

Ya fazla düşünmekle zaman kaybetmek yerine yapabileceğimiz iyi şeylere odaklansak? Küçük yıkımlar birikir – ama yenilenme eylemleri de öyle. Ya bu küçük düzeltme eylemlerini arayıp bulsak? Dalgalanma etkisi ailelerimiz, toplumumuz ve dünyamız için ne kadar büyük olabilir?

Yaşadığımız Dünyayı Sürekli Olarak Yaratıyoruz

Kilisemde düzenli olarak koronun şu sözleri tekrarladığı bir şarkı söyleriz: "Tanrı bizler/adalet ve neşe, şefkat ve barışın yaratıcısı olduğumuzda mutlu olacak." Bunu ilk duyduğumda, bu şeyleri sadece *arzu etmekle* yetinmek zorunda olmadığımız fikri beni büyüledi; aynı zamanda onları *yaratabiliriz.*

Küçük günlük etkileşimlerimizde adalet yaratabiliriz. Tam bulunduğumuz yerde sevgi ve neşe yaratabiliriz. Şefkat uygulayabilir, barışı somutlaştırabilir ve deneyimleyebiliriz. Çevremizdekileri etkileyen, bu sayede onların toplumlarını etkileyen, böylelikle tüm dünyamızı etkilemeye devam eden tüm bu güzel şeyleri kendi yaşamlarımızda yaratabiliriz.

Adaletin, sevginin, neşenin, şefkatin ve barışın yaratıcıları olabiliriz. Ancak etrafımızdaki dünyaya bir göz attığımızda, bu şeylerin öylece gerçekleşmediği açıktır; onları düşünmeliyiz ve sonra bu düşüncelere göre hareket etmeliyiz. "*Ne tür bir insan olmak istiyorum? Nasıl bir dünyada yaşamak istiyorum? Bunu -kendi küçük yöntemimle- nasıl yapabilirim*"? gibi önemli soruları kendimize sormalıyız.

Will'le birlikte Costco'ya gittiğimiz bir zamanı hatırladım - ki bu neredeyse hiç olmaz. Kırmızı ışığa geldiğimizde, yeni doldurduğumuz minibüsümüzü otoparktan yeni çıkarmıştık. Tam orada, köşede bir kadın, "Evsizim, açım, her şey işime yarar" yazan karton bir tabela tutuyordu.

Bu tür durumlarda her zaman doğaçlama hareket etmiştim ama nakdim olduğunu biliyordum, bu yüzden pencereyi indirdim, ona beş dolar verdim ve kendine iyi bakmasını söyledim. Işık yeşile döndü. Birkaç blok boyunca sessizce yol aldık, sonra Will anayola çıkmak için sinyal verdi. Kör noktasını kontrol etmek için baktığında, bakışları orta koltuğa yığdığımız iki yüz kadar granola çubuğuna takıldı. Omuzlarının düştüğünü görebiliyordum.

"Bu arabada iki yüz tane granola çubuğumuz var" dedi. "Ona bir tane vermeliydik. Ona yüz tane verebilirdik. Aklımız neredeydi?"

İşin aslı, bunu hiç düşünmemiştik. O gün kendimize yeni bir kural koyduk: Aç veya evsiz biri bizden yardım isterse, beş dolar ve bir granola bar veriyoruz. Elimizin altında genelde biraz nakit paramız olur ve torpido gözünde aç çocuklar için bol miktarda atıştırmalık bulundururuz.

Costco gezimizden bir süre sonra ailemle tatil için güneye Florida/Panhandle'a gidiyorduk. Bir arkadaşın önerisiyle yolda Alabama'daki bir meyve standında durduk ve dokuz kilo olgun şeftali aldık. Arabamız altı kişinin on günlük bir yolculuk için ihtiyaç duyacağı her tür şeyle tıklım tıklım doluydu, bu yüzden şeftalileri koyacak yer yoktu. Will ve ben şeftalileri sürücü ve yolcu koltukları arasındaki konsola yerleştirip, öteberiyle destekledik. Yolcu koltuğundaydım ve dar köşeleri dönerken ağır kutuyu sabit tutmak zorundaydım.

Montgomery'de otobandan ayrıldığımızda, öğlen güneşinde köşede bir adam, "Evsizim, açım" yazılı bir tabela tutuyordu. Biz de yaptığımızı yaptık: Ona beş dolar ve bir granola bar vermek için camı açtık. "Tanrı sizi korusun" dedi. "Kendinize dikkat edin" dedik. Gitmek için döndü ve sonra bir şey fark etmiş gibi durdu. "Şunlardan bir tane alabilir miyim?" diye sordu.

Will'in kafası karıştı ve "Nelerden bir tane?" diye sordu.

Adam şeftalileri işaret etti.

"Tabii ki!" dedik ve Will ona üstten sulu bir şeftali uzattı.

"Sağ ol kardeşim" dedi. "Bunlardan birini uzun zamandır yememiştim."

Uzaklaşırken, ona bütün sandığı vermeli miydik diye merak ettim. Cevap, bilmiyorum. Ancak, bu temel çizgiyi kendimiz için oluşturduğumuzdan dolayı sürekli olarak minnettar olduğumu biliyorum ve gerektiğinde ondan sapma özgürlüğümüz var – elbette bunu kusurlu yapsak da.

Akıllıca kullanmayanlara para vermemiz mümkün mü? Evet. Umurumda mı? Hayır. Uzun zaman önce cömert olmak istediğime karar verdim. Birbirimize yardım ettiğimiz bir dünyada yaşamak istiyorum; insanların onlara verdiğim para veya diğer kaynaklarla ne yapacağı bana bağlı değil. Ve bu yüzden şu anda bu soruları fazla düşünmüyorum, cevaplarla hâlâ yaşıyor olsam bile. Ben eyleme geçiyorum.

Sizin ve benim attığımız her adımla, olmak istediğimiz türden insanlar ve içinde yaşamak istediğimiz türden bir dünya lehinde oy veriyoruz. Ben bunu seçiyorum.

Dünya büyük; biz küçüğüz. Bir fark yaratamayacağımız hissi felç edici olabilir. Yapılması gereken çok şey var. Ne yaptığımızın ne önemi olabilir ki? Umutsuz ve çaresiz hissetmek kolay, ancak karmaşık çözümlerden sorumlu olmak zorunda değiliz. Bulunduğumuz yerden başlayabiliriz. Bir fark yaratabiliriz. Kendi iyiliğimiz için ve dünyanınki için, iyilik için bir güç olabiliriz.

Bir Kutsama

Her ayinin sonunda rahibin bizi dünyaya doğru yola çıkarken yanımıza almamız için "iyi bir söz", bir kutsama ile yolladığı bir Episkopal kiliseye gidiyorum. Yıllar önce -ve tesadüfen, doğum günümde– rahibim öyle güzel bir kutsama dile getirdi ki daha sonra ondan yazılı bir kopyasını istedim. Bu kutsama, sadece önümüzdeki bir yıl için değil, gelecek tüm yıllar için umutlarımı yakalıyordu. Dünyayı görme şeklimiz, beslemeyi seçtiğimiz düşünceler ve bunun sonucunda ortaya çıkan faydalarla ilgili.

Şimdi onu sizinle paylaşıyorum:

> Bedenen ve ruhen huzurlu, mutlu, hafif olmanızı diliyorum. Güven içinde yaşayabilin. Endişe ve üzüntüden arınmış olun. Kendinize anlayış ve sevgi gözüyle bakmayı öğrenin. İçinizdeki neşe ve mutluluk tohumlarını tanıyıp onlara dokunabilesiniz. Her gün içinizdeki neşe tohumlarını nasıl besleyeceğinizi bilebilmenizi diliyorum. Dinç, sağlam ve özgür yaşayabilesiniz.

Bu, kendim için ne istediğim ve sizin için ne istediğim hakkında çok şey söylüyor sevgili okuyucu. Bu kitaptaki stratejileri iyi bir şekilde değerlendirebilirsiniz. Fazla düşünmeyi bir kenara bırakıp size huzur ve neşe getiren bir düşünce hayatı geliştirebilirsiniz. Kendinize iyi davranmanızı ve dünyada iyilik için bir güç olmanızı diliyorum.

Dinç, sağlam ve özgür yaşayabilmeniz dileğiyle.

Teşekkür

Yazdığım her kitapla birlikte teşekkür edilecek insanların listesi biraz daha uzuyor. Tam da böyle olması gerekiyor. Çocukken kitaplara ve okumaya ilk âşık olduğumda, elimde tuttuğum bitmiş ürünün, tek başına masasında köle gibi çalışan bir yazarın ürünü olduğunu hayal etmiştim. Şimdi doğrusunu biliyorum. Sayısız insan bana hayal bile edemeyeceğim ve itiraf etmek istemediğim şekillerde yardım etmemiş olsaydı, bu kitabı elinizde tutuyor olmazdınız.

Rebekah Guzman ve Bill Jensen'a, erken beyin fırtınası, mükemmel beyin jimnastiği ve bu konsepti gerçekleştirmeye çalışırken verdikleri destek için.

Liz Heaney, seninle yeniden çalışmak bir zevkti. Akıllıca kavrayışın, sert ama nazik eleştirilerin ve doğru yapıyı bulana kadar vazgeçmediğin için teşekkür ederim. Yapı hakkında ne hissettiğimi biliyorsun!

Baker Books'taki harika ekibe: Wendy Wetzel ve Mark Rice, pazarlama bilginiz için; Brianna DeWitt, zeki tanıtımın için; Amy Ballor, metni kontrol edip düzelten şahin gözlerin için; Patti Brinks, bu muhteşem kapağı ilk denemede başardığın için; Brian Thomasson, erken dönemdeki coşkun ve annenle ilgili o harika hikâye için; ve yayıncılığın büyüsünü gerçekleştiren diğer herkese.

Marybeth Whalen, bu kitabın konusuna yönelik sınırsız coşkun ve tam olarak doğru zamanda tam olarak doğru sözleri mesaj atma konusundaki esrarengiz yeteneğin için.

Ally Fallon, bu şeyi en başından bir araya getirmeme yardım ettiğin ve bana Tayland'ı anlattığın için.

Mükemmel Scrivener ipuçları iş akışımı önemli ölçüde iyileştiren Ariel Lawhon ve J. T. Ellison, tam da ihtiyacım olduğu anda yazarlara özgü yüreklendirmeleri için.

Lisa Patton, bu kitabın yazılmasına yardımcı olan misafirperverliğin ve ayrıca salata sosu tavsiyesi için.

Melissa Klassen, gerçekten berbat bir ilk taslağı emanet edebileceğim türden bir arkadaş olduğu için, son teslim tarihine yetişmeye çalışırken hayatımın alt üst olmasını engellediği ve bu konu hakkında çok fazla ve çok uzun süre konuşmamı dinlediği için.

Randi Thornhill, en kötü şeylerim konusunda güvenilir olduğu için, önemli erken geri bildirimler sağladığı ve benimle mükemmeliyetçilik hikâyelerini paylaştığı için.

Brenna Frederick ve Leigh Kramer, dikkatli okumanız ve akıllıca geribildiriminiz için. Donna Hetchler, titiz gözlerin ve sayısız hesap tablon için. Ginger, yaptığımız işi birlikte yaptığımız iş yaptığın için. Sana ve (kendi deyiminle) soğukkanlılıktan tamamen yoksun oluşuna çok minnettarım.

Beth Silvers, beni çok sayıda fazla düşünme çemberinden çıkardığı ve bu sayfalarda görünen fikirlerin çoğunu enine boyuna düşünmeme yardım ettiği için.

Sarah Bessey, *Field Notes* bülteninizden 5. Bölüm'ün girişi için mükemmel bir satır çıkarmama izin verdiğiniz için.

Sarah Stewart Holland, Kendra Adachi, Jamie B. Golden, Patti Callahan Henry, Mary Laura Philpott, Laura Tremaine ve Erik Fisher, bu kitap için zarafetle yazdıkları övgü yazıları için.

Yazarlarla arkadaş olmanın sorunu, kendinizi bir anda onların kitaplarının sayfalarında bulabilmenizdir. Bir sürü arkadaşım kendilerini bu sayfalarda buldular. Lori Halton, Dave ve Amanda Harrity, Ashley Gutierrez Siler, Janssen Bradshaw, Meg Tietz, Myquillyn Smith ve Knox McCoy'a dostlukları ve hikâyelerini anlatmama izin verdikleri için çok teşekkürler.

Modern Mrs Darcy'nin (Modern Mrs Darcy) okurlarına, bu fikirleri yıllar içinde ortaya koyduğumda coşkuyla yanıt verdiğiniz, düşünceli ve ilgili bir deneme tahtası işlevi gördüğünüz ve büyük bir aşkla yapılan küçük eylemlerin dünyayı değiştirdiğine beni inandırdığınız için.

Kitaplarımı stokta bulunduran ve daha da iyisi kitabımı tavsiye ederek satan, beni etkinliklere davet eden ve müşterilerine podcast'lerimi dinlemelerini söyleyen kitapçılara. Kitap sevgisini yaydığınız için teşekkürler.

More Jane Eyre'nin kadınlarına: Claire Diaz-Ortiz, Ally Fallon (yeniden), Emily Freeman, Mel Joulwan ve Claire Pelletreau, güvenilir bir deneme tahtası görevini gördükleri, beni destekledikleri ve beni davet ettikleri için ve bunu lütuf, bilgelik ve şefkatle yaptıkları için.

Laura Vanderkam, Chris Bailey, Camille Noe Pagán ve Katherine Chen, iş sohbetleri ve yazarlık hayatıyla ilgili bilgileriniz konusunda böylesine cömert davrandığınız için.

Anne ve baba, hayatta öğrendiklerimden bahsederken sizden bahsetmemem mümkün değil. İlk örneklerimin çoğunun öznesi olduğunuz için üzgünüm. Onları kullanmama nezaketle izin verdiğiniz için teşekkür ederim.

Jackson, Sarah, Lucy ve Silas'a, bu konu ve bilmeye değer diğer her şey hakkında bana bunca şey öğrettiğiniz için, hikâyelerinizi (dolaylı olarak) anlatmama izin verdiğiniz ve sayfalarımı mutfak tezgâhının her yerine bırakmama katlandığınız için. Sizler harikasınız.

Will'e, her şey için. Haydi şimdi birlikte, son teslim tarihi olmayan biraz zaman geçirelim.

Yazar Hakkında

Anne Bogel, yazıları ve yaşamı söz konusu olduğunda, Emily Dickinson'dan bir dize alıntılıyor: "Olasılık içinde yaşıyorum." Kendisi, eski fikirlere yeni bir bakış açısıyla bakmakta ve bunları okuyucuya sanki ilk kez deneyimliyormuş gibi sunmakta ustadır.

2011'de Anne, adını Jane Austen'den alan *Modern Mrs Darcy* (Modern Bayan Darcy) adlı blogunu hayata geçirdi. Var olan blog nişlerine tam olarak oturmadı (her ne kadar "inekler için bir yaşam tarzı blogu" olarak tanımlandığını duymaktan memnun olsa da), yine de hızla Anne'nin eski, tanıdık fikirlere yeni ve taze açılardan yaklaşan çalışma tarzını seven akıllı, düşünceli okuyuculardan oluşan bir hayran kitlesi kazandı.

Ve Anne'nin okurları okumayı seviyorlar. *Modern Mrs Darcy (*Modern Bayan Darcy) tam anlamıyla bir kitap blogu olmasa da, Anne sık sık kitaplar ve okuma hakkında yazıyor. Kitap listeleri en popüler yazıları arasında yer alıyor. Okurlar, yazarlar ve yayıncılar tarafından bir trend belirleyici olarak tanınıyor. 2016'da, edebi çöpçatanlığa, bibliyoterapiye ve kitaplara ve okumaya yönelik her şeye adanmış popüler bir program olan *What Should I Read Next?* (Bundan Sonra Ne Okumalıyım?) adlı podcast'ini başlattı. 2019'da, Anne'nin her hafta kişisel kitaplığından sevdiği bir seçkisini çıkardığı ve dinleyicilere on dakika veya daha kısa sürede bu kitap hakkındaki her şeyi anlattığı *One Great Book* (Harika Bir Kitap) adlı kardeş podcast'ini yayına aldı.

Anne, kocası ve dört çocuğuyla Louisville, Kentucky'de yaşıyor.